ちくま新書

ビジネスマンの英語勉強法

三輪裕範
Miwa Yasunori

1344

ビジネスマンの英語勉強法
【目次】

まえがき　007

第1章 ビジネスマンに必要な英語力　013
ビジネスマンに最も必要なのは"reading"の力／英語の総合力は"reading"力によって規定される／惨憺たる大学生の"reading"力／「私は読めるけど、話せない」は神話／日本人が英語を読めない5つの理由／政治、経済、国際問題に関する知識不足／英文法力不足／語彙力不足／「単語の意味」の問題／コロケーションの重要性／英語独特の「クセ」に関する理解不足／欧米社会の歴史文化に関する知識・教養不足

第2章 文法力を身につける方法　039
英文法の勉強なしに英語はモノにできない／文法の勉強を逃げる人に「英語ペラペラの未来はない」／英文法の4つのツボ／「何が（主語）・どうする（動詞）・何を（目的語）」を押さえる／動詞を押さえる／関係詞（関係代名詞と関係副詞）を押さえる／分詞（現在分詞、過去分詞、分詞構文）を押さえる／どんな英文法参考書を読めばいいのか／自分のレベルにあったものから始める／初学者向けの英文法参考書／その他お勧めの英文法参考書

第3章 語彙力を強化する方法　075
新しく1万語覚える／語彙を増やす方法／多読する／辞書をトコトン使う／どんな辞書がいいのか／シソーラスを活用する／単語ノートを作る／コロケーションで覚える／語

彙力をつけるための具体的勉強法／中級者向け勉強法／『The Japan Times Alpha』を読む／標準的な英語で書かれた本を読む／上級者向け勉強法／『ジャパン・タイムズ』を読む／グーグル検索を活用する／多義語の重要性

第4章 英語特有の「クセ」を理解する　117

英語の3つの「クセ」／英語は名詞を偏愛する／英語は同じ単語や表現の繰り返しを嫌う／動詞の言い換え／名詞の言い換え／固有名詞の言い換え／品詞混在型の言い換え／長めの言い換え／文章の言い換え／英語は情報追加型である／接続詞・前置詞による情報追加

第5章 アメリカ歴史文化の常識　155

文法力と語彙力だけでは不十分／歴史の常識／社会の常識／ユダヤ人の母親とチキン・スープ／黒人とスイカとフライド・チキン／インディアン居留地とギャンブル／貧富を分ける鉄道線路／大学町と大学の対立／成績を気にしない上流階級の学生／結果が出てからの後講釈／西洋故事の常識／歴史文書の常識／テレビコマーシャルの常識／聖書の常識／シェークスピアの常識

まえがき

　みなさんもよくご存じのように、日本は8年連続で人口が減少するなど、ますます少子高齢化が進んでいます。そうなると、当然のことながら日本経済全体のパイはあまり増えませんので、それを補うためには、企業は輸出や企業買収などを通じてこれまで以上に積極的に海外に打って出なければなりません。

　人口減少が進む日本経済を活性化させるもう一つの方法は、海外からの観光客を日本に呼び込んで、大いにお金を使ってもらうことです。いわゆるインバウンド消費の拡大です。

　こうした海外からの観光客誘致については、すでに国はもちろんのこと、今では多くの地方自治体も積極的に動き出しています。そうした国、地方双方の多大な努力もあり、日本への外国人観光客の数はうなぎ上りに増え、2017年の訪日外国人観光客数は2869万人にものぼり、今年（2018年）は3000万人の大台を超えて3200万人程度になると予想されています。

　このように、これからも日本経済が力強く拡大し、日本企業が生き残っていくためには、輸出や企業買収などによってさらに積極的に海外に打って出るだけでなく、

海外からの観光客についてもますます多く日本に来てもらう努力をする必要があります。

いずれにしても、これからの日本人はこれまで以上に海外との交流や結びつきを強めていかなければ生きていけません。特に熾烈な国際競争にさらされている日本企業のビジネスマンにとっては、今後、海外の企業やビジネスマンとのやり取りをしなければならない機会が、弥が上にも増えていきます。また、これまでは海外の企業やビジネスマンと無関係に仕事をすることができた人にとっても、今後は海外との接触機会は確実に増えていきます。

日本のビジネスマンを取り巻くそうした状況を考えたとき、今後ますます必要になってくるのは、やはり何といっても英語です。もっとも、海外とのビジネス関係については、近年は欧米諸国よりも、むしろ中国やASEANなどアジア諸国との関係や交流の方が深くなっているところがあります。

しかしながら、使用言語に関していえば、ASEAN諸国などとのビジネスでは英語を使うのが当然のことになっていますし、中国とのビジネスにおいても最近では英語を使う場面が非常に増えています。また、中東、アフリカ諸国などとのビジネスでも、以前から英語が中心言語として使われてきました。

このように、現在の国際ビジネスにおいては、英語はまさに「リンガ・フランカ」（世界で通じる共通語）そのものであり、今後その勢いはますます強まることが予想

されます。そうした意味でも、どんな業界に身を置いていても、英語力を磨いていくことが、ビジネスマンとして成功する上で何よりも重要です。

　もちろん、本書を手に取ってくださった方にとっては、英語力を磨くことが重要であることは、すでに十分理解されていることと思います。問題は、いったいどのようにして英語力を磨いていけばいいのかということです。一概に英語力といっても様々なものがありますが、海外とのビジネスを円滑に行うためには、いったいどの程度の英語力が必要で、それをどのようにして勉強していけばいいのかということが最も気になるところではないでしょうか。

　こうした英語勉強法の問題について、できるだけ具体的なかたちでお答えしたいと思って書いたのが本書です。本書執筆にあたっては、特に現在海外とのビジネスをしている、あるいは今後そうしたビジネスに関与する可能性があるというビジネスマンの方を念頭に置いて書きました。

　もっとも、このように書きますと、本書も類書が数多く出ているビジネス英会話本の一つと思われるかもしれません。しかし、このあとお読みいただければお分かりの通り、本書はそうした本とはまったく違います。

　本書でみなさんに最もご理解いただきたいことは、ビジネスマンにとって英語の勉強で最も重要なことは、一見流暢そうに外国人とペラペラ会話ができるようになることではないということです。そんなことよりも、たと

えば『ニューヨーク・タイムズ』や『タイム』のような欧米の一流紙や雑誌に載っているような、しっかりした英文を、正確にきちんと読みこなせる読解力を身につけることの方がよほど重要であるということです。実際、このことは、これまで長年にわたる商社マンとしての私の経験からも、自信をもって言うことができます。

以前の日本の英語教育は英文法と読解に力点を置きすぎていたため、中高の6年間、さらには大学の4年間を費やしても、ろくに英会話の一つもできないような人間を生み続けてきたという強い批判がありました。そのため、1990年代の初めごろから、会話を中心としたオーラル・コミュニケーション重視の英語教育が本格的に開始されるようになりました。

こうしたオーラル・コミュニケーション重視の英語教育が開始された背景には、とにかく英語をうまく話せるようになりたいという日本人の伝統的な「英会話ペラペラ願望」がありました。しかし、それとともにもう一つ重要な要因として、日本人の多くが「英会話はできないが、英文を読むことはできる」と自分たちの英語読解力をあまりにも過信してしまったことがあるように思います。

では、オーラル・コミュニケーション重視の英語教育になってから、日本人の英語力は実際に上がったのでしょうか。これについては本文の中でも書きましたが、「読む、聞く、書く、話す」という英語の基本スキルすべてにおいて、今でも日本人の英語力はアジア諸国の中

でも下位に低迷したままなのです。

　つまり、オーラル・コミュニケーション重視の英語教育は成果があがっていないだけでなく、それまで多少はましだった英文読解力や文法力までも下げてしまったわけです。

　これは常識で考えればすぐ分かることですが、読んで理解できないことが聞いて理解できるわけがないのです。ましてや、それを満足に話すことなど、できるわけがありません。

　それにもかかわらず、日本では「英会話ペラペラ願望」に惑わされて、とにかく英語を勉強するなら英会話だという固定観念が出来上がってしまいました。

　本書ではそうした「英会話ペラペラ願望」に一切捕われずに、特に海外とのビジネスに携わるビジネスマンが持っておくべき高度な英文の読解力を、どのようにしたら身につけることができるか、その具体的な勉強法について書きました。そうした高度な英文の代表的なものである欧米の一流紙や雑誌には、日本人がお手本にすべきすばらしい英文が書かれているだけでなく、ビジネスマンにとって大変有益な情報も満載されています。

　いうまでもなく、ビジネスマンにとって最も大切なのは情報です。それも内容の濃い情報が必要です。しかし、残念ながら日本の新聞やテレビで流される情報だけを追っかけていては、そうした濃い情報を入手することはできません。日本のメディアの情報は非常に表層的なものが多く、海外の出来事の深層を知ろうとすれば、や

はり欧米の一流紙や雑誌に直接当たる必要があります。

ただ、ここで問題になってくるのは、『ニューヨーク・タイムズ』や『タイム』などに掲載されている英文を、正確に読んで理解するのはそう簡単なことではないということです。それができるようになるためには、やはりいくつかの関門をくぐり抜けなければなりません。

では、日本人は長年英語を勉強してきたにもかかわらず、なぜ欧米の主要紙や雑誌を満足に読むことができないのでしょうか。私はその大きな理由として、次の5つがあるように思います。具体的には、①政治や経済、国際問題等に関する知識・教養不足、②文法力不足、③語彙力不足、④英文のクセ（特徴）に関する理解不足、⑤欧米社会の歴史文化に関する知識・教養不足、という5つです。

本書では、英文を正確に読みこなすために絶対欠かすことができないこうした5つの知識や教養を、みなさんにも身につけていただけるよう、具体的な事例をふんだんに盛り込み、できるだけ丁寧に書くように努めました。

本書が、今後みなさんが英文を無理なく読めるようになるための一助となり、それによって新たなビジネス・チャンスが生まれることを、心より願っております。

平成30年5月　新緑の六甲山を見ながら

三輪裕範

第 1 章

ビジネスマンに必要な英語力

† ビジネスマンに最も必要なのは "reading" の力

　ビジネスマンにとっては、英語の4つのスキルの中では "speaking"（話す）や "listening"（聞く）が最も重要だと考えられがちです。しかし、実際には、国際ビジネスを行う上でより重要になってくるのは "reading"（読む）と "writing"（書く）の力なのです。

　日本にいて海外とビジネスを行う場合、その主要なコミュニケーション手段となるのは文書やメールでのやりとりです。もちろん、要所要所の重要な場面では相手と直接面談したり、国際電話で話したりして交渉することが必要です。その意味では、"speaking" や "listening" 能力も大変重要な英語スキルであることは間違いありません。

　しかしながら、国際ビジネスにおいては、交渉内容が重要であればあるほど、双方に誤解が生じないように書面できちんとやりとりするのが普通です。そのためには、海外のビジネス相手から送られてきた英文書類を読んでその内容を正確に理解する一方、相手に対しては自分の考えや意見を書面で（あるいはメール等で）、相手が誤解しないように、文法的にも正しい正確な英文を書く必要があります。

　このように、ビジネスにおける英語のやりとりというのは、日常会話のように相手が言っていることが大体分かり、こちらの言いたいことも大体言えるといった「会話ごっこ」ではありません。

　日本に観光にきた外国人に道を教えてあげたり、ある

いは、自分が海外に観光旅行に出かけて買物などをするときなどに、地元の人と英語で会話ができればいいなあ、といった程度でよいのであれば、簡単な英会話の参考書を何冊か読みさえすれば、それで十分間に合うでしょう。

しかし、ビジネスマンに必要とされている英語力というのは、そうした「会話ごっこ」ができるレベルの"speaking"や"listening"能力ではありません。

ビジネスマンにとって、そうした"speaking"や"listening"能力などよりも遥かに重要なのは"reading"や"writing"の能力なのです。相手から送られてきた英文メールやビジネス書類を正確に読みこなした上で、それに対して相手に誤解を与えないように自分の意思を正確に伝えることができる"reading"と"writing"の能力こそが必要なのです。

そんな中でも特に重要になってくるのが"reading"の能力です。日本では、依然として「英語ペラペラ」になりたいという英会話願望が非常に強いのですが、"reading"能力の向上なくして、"writing" "listening" "speaking"能力の向上もあり得ないということをまずご理解いただきたいと思います。

† 英語の総合力は"reading"力によって規定される

実際、かりに現在の自分の英語の"reading"能力を100とした場合、"reading" "listening" "writing" "speaking"という英語の4つの能力は、"reading" 100＞"listening" 70＞

第1章 ビジネスマンに必要な英語力　015

"writing" 60＞"speaking" 50といったところが平均的なところではないでしょうか（人によって多少違いはあるでしょうが）。

つまり英語の勉強で大切なことは、まずは現在の自分の"reading"能力である100をできるだけ引き上げ、それによって、"reading"以外の3つの能力を引き上げる努力をするということなのです。

純粋に日本で生まれ育った日本人の場合、いくら頑張ったとしても、"reading"の能力以上に、"listening" "writing" "speaking"の能力が上回るということはまずありません。

ましてや、英語が日常使われておらず身近に英語を話す相手もいない日本において、"speaking"や"listening"を中心に英語の勉強をしたとしても、その費用対効果は非常に悪いものでしかありません。それよりも、"reading"を中心とした勉強をした方が遥かに効率的であり、ほかの3つの能力アップという面でもより効果的です。まさに"reading"力を強化することが、"writing" "listening" "speaking"すべての能力アップに繋がるのです。

また、ビジネスマンにとっては、"reading"力を強化することは、情報収集という観点から言っても極めて重要です。私自身、長年商社の調査部門で仕事をしてきたこともあり、内外の様々なニュースソースから情報収集してきました。

もちろん、日本の主要新聞や雑誌からも大いに参考になる情報を得てきました。しかし、そうした日本のメディア以上に役立ったのが『ニューヨーク・タイムズ』、

『ワシントン・ポスト』、『ウォール・ストリート・ジャーナル』、『フィナンシャル・タイムズ』、『タイム』、『ニューズウィーク』、『エコノミスト』などといった欧米の主要新聞や雑誌でした。

特に海外のニュースについてその真相や背景を知りたい場合など、日本の新聞や雑誌の記事は情報の絶対量が少ないため、なかなか状況を正確に理解することができません。しかしながら、前記のような欧米の新聞や雑誌は非常に情報量が多く、日本の新聞や雑誌を読んでもなかなか分からなかったことが、一瞬にして理解できるということがよくありました。

このように、ビジネスマンにとって最も重要な情報収集という点で、欧米の一流新聞や雑誌は大変心強い情報源になります。それらを読みこなして、自分の情報源にすることができれば、ビジネスマンにとってこれほど強力な武器はありません。

そうした英語力を身につけるためにも、まずは"reading"力を強化することが不可欠です。英文を数多く読んで"reading"力を強化することは、「英語の基礎体力」を増強することになるのです。

良質のアウトプット（speaking, writing）を行うためには、そうしたアウトプットを何倍も上回る良質のインプット（reading）をしなければならないのです。

このように、英語の総合力というのは"reading"力によって規定されます。読んで分からないことは、書くことも、聞くことも、話すこともできない、というのが英

語を含めた外国語の勉強における永遠の真理なのです。

　もちろん、英語を勉強するにあたっては"reading""writing""listening""speaking"という4つのスキルをバランスよく養成していくことが大切です。しかし、残念ながら、これら4つのスキルを同時並行的に養成することはできません。そこにはおのずと優先順位というものがあります。そういう意味でも、英語力のすべての基本になる"reading"の勉強を最優先することが何よりも大切です。

† 惨憺たる大学生の"reading"力

　前記の通り、日本では昔から英語ペラペラの人に憧れるという、いわゆる「英会話願望」が非常に強くありました。特に近年においては、小学校から英語教育を始めるなど学校教育におけるオーラル・イングリッシュ重視の流れも受けて、そうした「英会話願望」が以前にも増して強まっているように思います。

　では、そうしたオーラル・イングリッシュ教育の結果、学生の英語力はいったいどうなったかといいますと、"listening"や"speaking"については、当初期待したような成果があがらないばかりか、"reading"や"writing"の力もさらに落ちてしまうという惨憺たるものになってしまったのです。

　実際、大学教授として学生に英語を教えている鳥飼玖美子氏は『本物の英語力』（講談社現代新書）の中で、最近の学生の英語力について次のように慨嘆しています。

最近、多くの大学で囁かれているのが、入学者の基礎力不足です。今の学生は語彙力がないので読み書きが苦手な上に、英語の文法を知らないようで、主語や動詞がない英語を書く、現在と過去が判然としない、単数と複数の区別がつかない、いったいどうなっているのだろう、と英語教員は頭を抱えます。これではレポートを英語で書くなど無理だし、発表や討論も難しい、と補習に踏み切る大学も出てきています。国立大学の英文科でさえ、学生が英文を読めないことに愕然とし、慌てて補習を始めたところがあると聞きました。

また、サマセット・モームの訳者として著名な東大名誉教授の行方昭夫氏も『英会話不要論』（文春新書）の中で、最近の学生の英語力、特に読解力の低下について次のような惨状を報告しています。

　学生の読解力の低下については、法学部、経済学部、理工学部、人文学部などの教員から、不満という形でよく聞かされてきました。二年間の教養課程を終えて進学して来た学生に、専門科目の英語の論文を読ませようとしたが、不可能だった、という不満です。
　「経済学のゼミを始めたのに、出席者に英文を読む力がないので、結果として、前期は英語学習のゼミになってしまった。以前にはなかったことだ」と

か、「社会学の専門用語を説明した後、基礎的な英文の文献を読ませたのだが、仮定法はおろか、受動態さえ正確に身についていないのが判明した。とても社会学のゼミにならなかった」とか、しばしば聞きます。

† 「私は読めるけど、話せない」は神話

　日本においては、コミュニケーション重視の英語教育が1990年代前半あたりから本格的に開始されました。しかし、その後も日本人の英語力は一向に改善されていません。最近のTOEFLやTOEICなどの国際的な英語テストの結果を見ても、依然として日本人の英語力はアジア諸国の中でも最低水準にある状況は変わっていないのです。

　もちろん、これらは最近の大学生の英語力について語ったものであり、読解や文法を重視した伝統的な英語教育を受けてこられた世代の方々は、こうした最近の学生たちよりも高い"reading"力を持っておられる方が多いだろうと思います。

　しかしながら、そうした伝統的な英語教育を受けてきた方々の"reading"力にしても、残念ながら、それは決して褒められたものではありません。私は長年商社に勤務してきましたが、世間一般からは英語ができると思われている商社マンたちでさえも、『ニューヨーク・タイムズ』や『タイム』をきちんと正確に読める人はあまりいないのです。

英語道を極めた松本道弘氏も述べていますように、「「私は英語は読めるけど、聞けない、話せない」というのは神話であって、「読めることもできない」」（『タイムを読む』講談社現代新書）というのがビジネスマンを含めた現在の大半の日本人の英語レベルなのです。

前出の行方氏も松本氏とまったく同じ意見で、現実は、「日本人が「文法と訳読には強いが、聞き話すのは弱い」というような話でなく、四技能の全てにおいて劣っている」と述べています。

もちろん、自分は『ニューヨーク・タイムズ』でも『タイム』でも難なく読めて理解できるという方には関係ありません。しかし、もしあなたが、これまでTOEIC試験で点数を上げるのに四苦八苦してきたのであれば、まずは自分の読む力が不十分であることを認識し、そこから手を付けていくことが必要です。というのも、TOEICの英文はTOEFLや英検1級などに比べると遥かに容易だからです。

†日本人が英語を読めない5つの理由

以上見てきましたように、英語の勉強で一番大切なことは"reading"力をつけることです。"reading"力がついていけば、それにともなって"writing""listening""speaking"の力も自然にアップしてきます。

このように、英語力すべての土台になるのは"reading"力なのですが、先にも見ましたように、現在においても、学生やビジネスマンを含めた日本人の"reading"力

は、依然として極めて低いと言わざるを得ません。

　では、中学、高校で6年間、さらには大学でも最低2年間英語を勉強してきたにもかかわらず、なぜ日本人の多くは欧米の主要新聞や雑誌を満足に読むことができないのでしょうか。

　「まえがき」でも述べましたが、私は、日本人の多くが長年英語を勉強してきたにもかかわらず、こうした欧米の主要紙や雑誌レベルの英文を満足に読めない原因には、次の5つがあると考えています。具体的には、①政治や経済、国際問題等に関する知識・教養の不足、②文法力不足、③語彙力不足（多義語、コロケーションの問題を含め）、④英語のクセ（特徴）に関する理解不足、⑤欧米社会の歴史文化に関する知識・教養不足、という5つです。

†政治、経済、国際問題に関する知識不足

　では、これら5つの問題とは具体的にどのようなことなのか、ここで少し説明させていただきたいと思います。まず①の政治や経済、国際問題等に関する知識ですが、これについては、欧米の主要紙や雑誌が取り扱うのは主として（日本人にとっての）外国の政治や経済問題、さらには国際問題であるため、そうした問題に関する一定の知識や教養がなければ記事の内容を理解することができないということです。

　しかし、これは逆に言えば、そうした問題に関する一定程度の知識や教養さえあれば、『ニューヨーク・タイ

ムズ』や『タイム』に掲載されるような高度な英文記事についても想像力を働かせて読んでいくことができるということを意味しています。

これは英語とは直接的には関係のない、いわば英語以前の問題です。しかし、こうした知識や教養は欧米の主要紙や雑誌を読んでいくためには絶対に必要なものであり、大変重要なポイントです。

もちろん、『ニューヨーク・タイムズ』や『タイム』を読んでいくためには一定レベルの英文法知識と語彙力が絶対に必要です。しかし、かりにそうした英文法知識や語彙力が不十分であったとしても、政治、経済、国際問題などに関する知識や教養があれば、英語力の不足を相当程度補うことができます。

また、政治、経済、国際問題等に関する知識や教養は、欧米の主要紙や雑誌を読むときに役立つだけでなく、英語で話すときにも大変役に立ちます。特にビジネスにおいては、重要なことは英語を話す流暢さ（fluency）ではありません。それよりも遥かに重要なのは、英語でどれだけ中身のある話ができるかというその内容（content）です。

ビジネスにおいては、子供のような中身のない「会話ごっこ」をすることは、逆に相手からの軽蔑を招くことになります。その意味でも、「会話ごっこ」ではない「内容のある」英語を話せるようになることが最も大切です。

では、そうした「内容のある」英語というのは、いっ

たいどのようなものなのでしょうか。これについて著名な通訳者である小松達也氏は次のように述べています。

> 「内容のある」というのは日常会話ではなく経済やビジネス、政治、国際関係、環境問題などの話題についての対話や意見の表明、という意味です。企業が、そして日本社会が求めている日本人の英語力は、日常会話が何とかできるという初級レベルではなく、英語で仕事ができる中級以上のレベルなのです。(『英語で話すヒント』岩波新書)

また、鳥飼氏も前掲書の中で、小松氏と同様、英語において「最重要なのは、話す内容であり、コミュニケーションとして成立し伝わるための語彙であり文法であり語用です」と述べています。

英語でそうした内容のある、中身のある会話をするためには、英語以前の問題としてまずは小松氏がいうようなテーマや話題について勉強し、知識を増やしていく必要があるのです。

† 英文法力不足

前述の通り、日本の英語教育に関する近年のオーラル・コミュニケーション重視は明らかに行き過ぎています。たしかに、コミュニケーション重視の英語教育を行うようになったことで、「会話ごっこ」のような表面的な英会話ができる人は多少増えたかもしれません。

しかし、全体として見た場合、日本人の英会話力は決して改善されてはいないのです。さらに悪いことには、そうしたコミュニケーション重視の教育によって特に割を食う形になった英文読解力と文法力が、以前に比べても非常に弱くなってしまいました。

　そうした観点から言っても、まずはコミュニケーション重視教育の犠牲となってきた英文法の基礎知識をしっかり固めることが非常に重要になってきます。日本語とは文章構造から発想の仕方まで何から何まで違う英語のような言語を効率的に学習していくためには、まずは基礎的な英文法知識を確実なものにしておくことが特に大切なのです。

　英語が母国語であるネイティブ・スピーカーの場合は、生まれ育った環境の中で自然に英語の文法知識を身につけていくことができます。しかし、日本人の英語学習のように、まったくの外国語として英語を学ぶ場合には、やはり英語のルールである英文法の基礎をある程度は身につけておかなければなりません。

　たとえて言うならば、英文法の知識なしに英語を身につけようとするのは、経済学の知識なくしてエコノミストになろうとするようなものだと言えるでしょう。鳥飼氏も言うように、英文法というのは「スポーツのルール」のようなもので、「スポーツをやりたいと思ったら、ルールを学び、スキルを磨くしか」ないのです。

　また、しっかりした文法知識をもっておくことは、英文を書く上でも非常に役に立ちます。最近はインターネ

ットが中心的な通信手段となり、いつでも簡単に外国人とのやりとりができるようになりました。そのため、ビジネスマンにとっても、外国人相手に英文を書く（書かなければならない）機会が、以前に比べると格段に増えています。そんな外国人とのやりとりで文法的に不正確な英文を書いて送れば、相手はあなたのことを「教養のない人間である」と判断するだけであり、ビジネスにも大きな悪影響が出てきます。

　実際、英語では、教養のある人と教養に欠ける人が書いた英文の質には明らかな違いがあり、欧米社会では、日本以上に「文は人なり」という考え方が浸透しています。その意味でも、小松氏が前掲書の中で述べている通り、まさに「正しい文法を自由に使えることこそ、語学力向上のゴールだ」と言えるでしょう。

† 語彙力不足

　英語が読めないもう一つの大きな理由としては、単語や熟語などの語彙力不足の問題があります。英語を読むためにはもちろんのこと、書くためにも、聞くためにも、話すためにも、単語や熟語が分からなければ話になりません。

　したがって、英語が使えるようになるためには、地道に単語や熟語などを覚えて語彙力を強化していかなければなりません。ましてや、『ニューヨーク・タイムズ』や『タイム』など高度な英文記事を読みこなそうとすれば、時事英語特有の単語や表現、さらには最新の口語や

スラングなどについても知っておく必要があります。

　前述の通り、日本の英語教育については、中高大と10年近くも英語を勉強しながら満足に英語が使えず話せないのは、学校で伝統的な訳読や文法ばかりを教えてきたからだという批判があります。

　しかし、真の原因はそうした教育法にあるのではありません。それ以前の問題として、日本人の場合は絶対的に語彙力が不足しているという大きな問題があるのです。書いてあることもよく理解できず、書きたいことも書けず、相手が言っていることも理解できず、自分が言いたいことも話せない最大の原因は、語彙数が絶対的に不足していることなのです。

　実際、こうした語彙力の重要性については、英語の話ではありませんが、渡部昇一氏が平泉渉氏との間で交わされた『英語教育大論争』（文春文庫）の中で、ドイツ語の天才と謳われた関口存男が言った言葉として次のような言葉を紹介しています。

　　ドイツ語の天才関口存男が、ドイツ語のマスターのやり方を説いて「文法の概略をあげたらば、一に単語、二に単語、三に単語、四に単語、五に単語、六に単語、七に単語、八に単語、九に単語、十に単語だ」と喝破したのはこのことである。

　また、「イングリッシュ・モンスター」という異名を持つ菊池健彦氏も『イングリッシュ・モンスターの最強

英語術』(集英社)の中で、英語はとにかく単語を覚えることだとして次のように述べています。

> 極端なことを言ってしまえば、英語は単語が集まったモンスターなのだ。そのモンスターを退治する道はひとつだけ。ひとつひとつの単語を覚えるしかない。(中略)
> よく、一日に英単語を10個覚える、すると一年で約3500個になって、3年やれば1万語を超える……なんていうが、そんな覚え方は絶対にできない。(中略)
> じゃあ、どうやって単語を覚えてきたのかというと、一日に10個の英単語を完璧に覚えようとするわけではなく、不完全でもいいから一日100個の単語を覚えようと努力してきた。そして不完全なわけだから100個の中の99個は忘れてもいい。(中略)
> ただ、その覚えられなかった99個の単語とその意味を、雑誌の下のスペースに書いておいたり、単語帳に書いておいたり、パソコンに打ち込んでおいたりして、また覚える努力をする。そして99個の単語のうち、また翌日に98個は忘れてもいいとあきらめる。この繰り返し。
> でも、意外なことに、こうしていると単語を忘れる数が少なくなって、時には10個のうち10個覚えていたりする。不思議なことがあるものだ。
> もちろん、「今度こそ完璧に覚えた！ もう二度

と忘れないぞ！」と思っていた単語でもやはり忘れる。そんな時、がっかりするのはいいが、絶対にあきらめてはいけない。あきらめなければ、生きている限り、また復習できるのだ。

　もう、この繰り返し。覚えては忘れ、覚えては忘れ、忘れては思い出して、また忘れ、たまに忘れなかったり、また忘れたり……。

具体的な単語勉強法については第3章で詳述しますが、日本人としてはどれぐらいの単語を覚えればいいのでしょうか。もちろん、これについてはどれぐらいの英語レベルを目指すのかによっても違ってきます。しかし、本書が目標とするような『ニューヨーク・タイムズ』や『タイム』などの英文を辞書なしで読めるようになるためには、最低でも1万語から1万5000語程度の単語を覚えておく必要があります。

現在、中学高校の6年間で学ぶ語彙数は約3000語と言われています。また、難関大学の英語の入試で使われる語彙数でも、せいぜい7000〜8000語程度と言われていますので、大学入学後は言うまでもなく、社会人になってからも労を惜しまず地道に語彙力の増強に努めていかなければ、なかなか欧米の一流紙や雑誌を辞書なしで読みこなせるようにはなりません。

†「単語の意味」の問題

　なおここで、単語については、日本の英語学習者の多

くが陥りがちな一つの大きな問題があることを指摘しておきたいと思います。それは、Aという単語はBという意味だと単純に理解して、「A＝B」という形で英語の単語と日本語の意味を1対1の関係として固定化して捉えてしまうことです。

実際、英語では、Aという単語にはB以外にも様々な意味があります。しかし、それを「A＝B」という形で金科玉条のごとく固定化して覚えてしまうと、Aという単語がB以外の意味で用いられた場合（そうしたことはしばしばあるのですが）、そこで思考停止に陥ってしまい、まったく対応できなくなってしまいます。

たしかに、日本人が外国語として英語を効率的に学習していくためには、特に中学や高校などの学習段階においては、Aという単語が持つ数多くの意味の中から代表的なものを一つ取り出して覚えることも必要でしょう。

しかしながら、『英語と日本語のあいだ』（講談社現代新書）の中で東大教授の菅原克也氏も指摘するように、いずれはそうした単語に対する認識から抜け出す必要があります。

　「単語の意味」と言う場合、多くの日本人英語学習者は、ひとつの英単語にひとつの日本語を対応させて考えようとする。そのうえで「意味」を丸暗記しようとしたりする。中学生、高校生レベルの英語学習においては、そのような段階を通過することも、時に必要とはなるだろう。だが、最終的には、

語彙に関するそのような考え方からは抜けだす必要がある。

　一般に「単語の意味」と言われるものは、英語の単語が持つ意味の広がりの一部をとらえた「翻訳」にすぎない。このことについては、後の章で詳しく論じるが、ひとつの英単語にひとつの日本語を対応させるのは、あくまで便宜的なものにすぎないこと、そこにしばしば無理が生じているという点を、一度は認識しておく必要がある。

　実際、『ニューヨーク・タイムズ』や『タイム』などの記事を読んでいくと、皆さんが知っているAという単語が出てきたとしても、そのAという単語は皆さんが知っているBという意味では使われていない場合の方が多いのです。そうなるとその1語の意味が理解できないために、記事全体の内容が理解できないというケースが往々にして出てきます。

　もちろん、前記の通り、一つの英単語には数多くの意味があり、それらすべてを覚えることは不可能ですし、またその必要もありません。しかし、重要な単語については皆さんが学校や受験勉強で学習してきた第1の意味に加え、その単語が持つ重要な第2の意味も覚えるようにしておくと、相当高度な英文でもかなり読めるようになります。

† コロケーションの重要性

　単語に関してもう一つ重要なことは単語と単語の組み合わせ、いわゆる「コロケーション」(collocation)の問題です。

　たとえば、「交通渋滞」のことを英語では、"traffic congestion" "traffic jam" などと言いますが、こうした交通渋滞が激しい場合、形容詞を用いて表現するときには、"heavy traffic" という言い方をします。しかし、英語ではこれを決して "congested traffic" とは表現しないのです。

　あるいは、「香水をつける」ことや「メガネをかける」ことについても、英語ではそれぞれ "wear perfume" "wear glasses" と表現します。香水を「着る」とか、メガネを「着る」という発想はなかなか日本語の感覚からは出てきませんが、英語では "perfume" も "glasses" もどちらも "wear" するものなのです。

　このように、日本語とは違って、英語ではどの単語にはどの単語が結びつくという英語独特の単語間の組み合わせがあります。こうした英語における単語と単語の相性の良い結びつきのことを「コロケーション」と言います。

　こうした英語における「コロケーション」の重要性について昔から強調されていたのが日本の同時通訳の草分けであった國弘正雄氏です。これについて、著書『國弘流 英語の話しかた』(たちばな出版)の中で次のように述べられています。

誰でも、将棋は「指す」で、碁は「打つ」ものと知っております。将棋を打つ、碁を指す、は間違いです。ところが、同じ将棋でも「歩を打つ、桂馬を打つ」と相手から取った駒を使うときには「打つ」を使います。また、車やオートバイは「運転する」ですが、飛行機や船は「操縦する」、ボートは「漕ぐ」です。自転車や馬は単に「乗る」ですね。帽子は「脱ぐ」ですが、ハチマキは「外す」で、「脱ぐ」とは言いません。

　同じような問題が英語にも存在するという、その一点をまず認め、最初いくつかの単語について、意識的に例文を集めれば、後は段々と加速度がついてくるのです。

　大事なことは、活用自在を支える能力の一つに、単語と単語の組み合わせ、専門用語でいう、コロケーション（collocation）の問題がかなりのウェートを占めるという認識です。

†英語独特の「クセ」に関する理解不足

　高度な英文を読みこなすためには以上のような一定の英文法力と語彙力が不可欠ですが、それとともに英文を読み解く上で極めて重要なのは、英語独特の文章の「クセ」を摑むことです。

　日本人である限り、どうしても無意識のうちに日本語の発想や感覚にとらわれてしまいます。しかし、英語には日本語とはまったく違った世界観や物の見方があり、

それらは、まさに英語独特の「クセ」とも呼ぶべきものです。

「なくて七クセ」という言葉があるように、どんな人にもその人独特の「クセ」があります。もし、そのような人の「クセ」を摑むことができれば、その人の思考や行動が手に取るように分かります。それと同じように、英語でもそうした英語独特の「クセ」を摑むことができれば、英文理解力は飛躍的に高まります。

では、英語にはいったいどんな「クセ」があるのでしょうか。そうした英語の主要な「クセ」として、次の3つを挙げることができます。

①英語は名詞や名詞構文を偏愛する
②英語は同じ単語や表現の繰り返しを嫌う
　　── 言い換え（パラフレーズ）を好む
　　── 同義語、類義語が発達している
③英語の文章は欠けた情報を追加していく

これら3つの特徴の具体的内容については、第4章で実例を挙げながら詳述しますが、これら3つの英語の「クセ」の中でも特に重要なのが、②の「英語は同じ単語や表現の繰り返しを嫌う」ということです。

たとえば、『ワシントン・ポスト』（2017年9月21日）に掲載された次の記事をご覧下さい。これはスターバックスの創業者であるハワード・シュルツ氏が現在のアメリカの社会状況について、ある集会で述べたものです。

"The worst thing that we all, whether we be businesspeople or private citizens - <u>we should not be embracing indifference</u> right now," Schultz said at the 100,000 Opportunities Initiative. "<u>We have to be engaged</u>, <u>we've got to speak out</u>, <u>we've got to be involved</u>, <u>we gotta stand up for the things we know are true</u>. And I think the country, in many ways, is in need of a moral, a cultural and an economic transformation."

シュルツ氏がここで強調しているのは、トランプ大統領の時代になってアメリカ社会は分断されたかたちになっているが、こんな時代だからこそアメリカ人はもっとアメリカ社会のあり方に積極的に関与していく必要があるということですが、彼の英語に関してここで注目していただきたいのは下線を引いた5か所の部分です。

ご覧の通り、シュルツ氏はすべて違った単語を使っていますが、実はこれら5か所は、多少ニュアンスの違いこそあれ、基本的にはすべて同じ意味のことを言っているのです。

たとえば、最初の"we should not be embracing indifference"というのは「私たちは無関心であってはいけない」という意味ですが、これは、その次の下線部である"we have to be engaged"(私たちは関与しなければならない)というのと言い方は違いますがまったく同じ意味です。

それと同じく、そのあとの"we've got to speak out"も、"we've got to be involved"も、"we gotta stand up for the things we know are true" もすべて、「これから私たちは声を上げ、関与し、正しいことのために戦わなければならない」という基本的には同じ意味のことを、違った単語や言葉で表現しているのです。

このように、英語においては同じ意味のことを言うにしても、同じ単語や言葉を繰り返し使うことをできるだけ避けるという非常に際立った特徴があります。実際、同じ単語や言葉を繰り返して使う人間は無能であるとみなされるところがあります。そのため、特に一流紙や雑誌の記者は、同じことを表現するにしても非常に多彩な単語や表現を使います。

こうした英語の「クセ」を知っていると、多少知らない単語や表現が出てきても、相当程度、単語や文章の意味を類推できるようになります。

†欧米社会の歴史文化に関する知識・教養不足

さて、これまでは欧米の主要紙や雑誌を十分読みこなせない理由として、①政治や経済、国際問題等に関する知識・教養不足、②文法力不足、③語彙力不足、④英語のクセに関する理解不足、の4つについて見てきましたが、最後にもう一つ大切なことを指摘しておきたいと思います。

それは、欧米社会の歴史や文化に関する知識・教養の重要性ということです。言うまでもないことですが、英語というのは基本的に欧米の歴史、文化、価値観に基づいた言語です。

したがって、欧米の主要紙や雑誌は、読者がそうした欧米諸国の歴史（特に英米両国の歴史）に関する幅広い知識と教養を持っていることを前提にしています。
　また、文化面についても、聖書、ギリシャ・ローマ神話、シェークスピアなど有名な文学作品、マザーグースなどの童謡に関する幅広い知識や教養はもとよりのこと、映画やテレビ番組で出てきた有名な台詞、さらには、政治家、芸能人、経済人などが発した有名な言葉などポピュラー・カルチャーに関する幅広い知識や教養を読者が持っていることも当然の前提とされています。
　このように、欧米の主要紙や雑誌を十分読みこなしていくためには、そうした欧米の歴史や文化に関する総合的な知識・教養が不可欠になってきます。単に記事の中に出てくる単語の意味が分かるというだけでは、記事の内容を十分に理解することはできないのです。
　特にそうした欧米社会の歴史や文化に関する知識・教養が必要になってくるのが記事の見出しです。見出しには、そうした欧米社会の歴史や文化のエキスが凝縮されています。
　これまでにも見てきましたように、『ニューヨーク・タイムズ』や『タイム』に出てくるような記事を理解するためには、まず英語以前の問題として政治や経済に関する知識を身につける必要があります。そして英語力の問題としては、しっかりした文法力と語彙力を身につけることが必要になってきます。
　しかしながら、いくら政治や経済に関する知識を身に

つけたとしても、また、いくら文法力や語彙力を強化したとしても、残念ながら、それですぐに英文が理解できるわけではないのです。そのためには、英語がその中で育ってきた欧米社会の歴史や文化についても、一定の知識と教養を身につけておく必要があります。

こうした欧米社会の歴史や文化に関する知識や教養については、第5章で実際にどのようなものが求められているのか、特にアメリカの主要紙や雑誌に掲載された実際の記事をもとにしてご紹介していきたいと思います。

以下の章では、以上見てきた項目を中心に、海外とのビジネスにおいても十二分に対応できるだけの英語力を身につけるための具体的な勉強法をお教えしたいと思います。

具体的には、まず第2章では「文法力を身につける」方法について、第3章では「語彙力を強化する」方法について、第4章では「英語のクセ」について、そして第5章では英文を読み解くために不可欠な「アメリカ社会の歴史文化に関する知識・教養の重要性」について、実例をあげながら、できるだけ分かりやすくお伝えしていきたいと思います。

第 2 章

文法力を身につける方法

†英文法の勉強なしに英語はモノにできない

　言語というのは、それが日本語であれ英語であれ、基本的には一定の規則に則って単語が並べられ、それによって一定の意味をもたらすようになっています。そうした言語の一定の規則というのがまさに文法です。

　アメリカ人やイギリス人のように英語が母国語である場合は、生まれたときから英語環境の中で育っていますので、英文法という英語の文章規則が自然に身についていきます。

　それは日本人が特に勉強せずとも、日本語の文章規則である日本語文法を自然に身につけていくのと同じことです。

　しかしながら、英語のような外国語を日本人が身につけるとなるとそうはいきません。特に英語のように日本語とは文章の構造も発想もまったく異なった言語を外国語として学習する場合には、そうした文章の構造原理を分かりやすく整理した文法をまず理解することが何よりも大切になってきます。

　これについては、前章で英文法とは「スポーツのルール」のようなもので、「スポーツをやりたいと思ったら、ルールを学んで技能を磨くしかありません」という鳥飼氏の言葉を紹介しましたが、英文法を勉強することは、英語という競技に本格的に参戦するためには絶対に避けて通れない前哨戦なのです。

　孫子の有名な言葉に「彼を知り己を知れば百戦 殆（あやう）か

らず」というものがありますが、英文法を勉強するというのは、まさに英語の基本原理という「彼を知る」ことであり、それによって初めて英語と戦う準備が整うことになるのです。

たしかに、英文法の勉強というのは大変難しく退屈なものです。しかも覚えることが非常に多いため、できれば避けて通りたいという気持ちになるのもよく理解できます。実際、私自身も、中高時代の英文法の授業は苦手で、あまり好きにはなれませんでした。

また、英語というのは他の言語に比べても文法的な例外が非常に多いため、せっかくある文法規則を覚えても、それが当てはまらないことがよくあります。あまりにも例外が多いという、そうした英語の特徴も英文法嫌いになる一つの原因になっているのだろうと思います。

しかし、ここで忘れてならないのは、英文法を勉強することは、たしかに覚えることが多く退屈な作業ではありますが、あとでその苦労が十二分に報われる、英語を身につけるための最も効率的な勉強法であり、投資であるということです。特に英語のように日本語とは文章の構造、発想、考え方など、何から何まで違う言語を習得する場合には、文法という形でまとめられた言語の基本構造を理解しておくことは、その言語を学習するための最も効果的なやり方なのです。

また、文法を十分に理解することなしには、英文を正確に理解するのはもちろんのこと、海外のビジネスマンと内容のあるコミュニケーション（書く、聞く、話す）

を行うことも絶対にできません。少し厳しい言い方になるかもしれませんが、文法をしっかり勉強せずに英語をモノにすることは絶対に不可能であることを、まずここで、再確認しておきたいと思います。

†文法の勉強を逃げる人に「英語ペラペラの未来はない」

前述の通り、英文法の勉強は難しい上に覚えることが多く大変退屈です。しかし、一度はこの退屈さに耐えて英文法をしっかり身につけておかないと、残念ながら英語をモノにすることはできません。

では、こうした英文法の勉強というのは、日本人の英語学習者にとって具体的にどんな意味があるのでしょうか。これについて、東大教授の斎藤兆史(よしふみ)氏が、斎藤孝氏との共著『日本語力と英語力』(中公新書ラクレ)の中で大変説得力のある、次のような発言をしています。

> 日本人の英語学習をたとえて言うなら、英語を母語とする人が土台から石を積み上げて石造りの家を建てるのに対し、日本人は同じ高さのコンクリートの家を突貫工事で造るようなものです。コンクリートを流し込むためには足場や仮の木枠を組まなくてはなりません。その木枠や足場を組み上げる作業が文法です。木枠や足場がなければコンクリートは流し込めないし、しっかり組まれていなければ質の低い建物しか造れません。

たしかに、斎藤氏が言うように、英文法という「木枠や足場」がなければ、そのあといくら英語の勉強という「コンクリート」を流し込んだとしても、たちどころに流れ去って無駄になってしまいます。また、かりに流し込んだ「コンクリート」が残ったとしても、文法という「木枠や足場」が「しっかり組まれていなければ質の低い建物しか造れません」。

こうした英語学習に関して、通訳ガイドの志緒野マリ氏も次のような傾聴すべき「5つの戒め」をお書きになっていますが、その4番目にしっかりと文法に関する戒めが書かれています(『英語をモノにしたい人の最短学習法』祥伝社黄金文庫)。

①ネイティブ信仰は、もう時代遅れ
②薄っぺらな英会話は、なんの役にも立たない。
③意味も分からず口から音を出すだけの「音読」や、意味を取り違えた「速読」は時間の無駄
④文法を難しいと逃げる人に、英語ペラペラの未来はない
⑤お仕着せの文やフレーズを丸暗記しても、自分の言葉で話せない

今や、大型書店の英語コーナーに行けば、あらゆる種類の英語学習本が溢れかえっています。そうした英語本の中で、いつの時代でも人気があるのは、いかに苦労せずに簡単に英語をモノにできるようになるかを謳った本

です。

　もちろん、苦労せず簡単に英語をモノにできるのであればそれに越したことはありません。しかし、残念ながらそんなことは夢物語にすぎません。これまでずっとそうした英語本が出版され続けてきたということ自体、英語の勉強においては、そんな夢物語のような話はないということを示しているのではないでしょうか。

　英語の勉強というのは、何だかんだと言っても、結局は暗記です。一定の文法規則と単語を覚えなければ、何も始まりません。そうした現実を直視し、そこから逃げないことが大切です。

　飛行機でも離陸するまでには猛烈なエネルギーが必要になりますが、いったん離陸して安定飛行に入ると、あとはそれほど大きなエネルギーは必要なくなります。英語学習においてもそれと同じで、そうした飛行機の離陸までの期間にあたるのが英文法の勉強なのです。

　とにかくこの段階を通過しないことには、いくら単語を覚えて英文を読んでいったとしても、いつまでたっても英文を正確に読みこなすことはできませんし、ましてや外国人と内容のあるコミュニケーションを行うこともできません。

　しかし、いったん文法を身につけてしまえば、あとは語彙力だけの勝負になると言っても過言ではありません。その意味でも、英語の勉強というのは、「1に文法、2に語彙」なのですが、「1」が身についていない状態では、いつまでたっても「2」には進めないのです。

†英文法の４つのツボ

　このように、英文法を勉強して身につけることは、英語学習において絶対に避けて通れない最も大切な学習です。ただ、ここで強調しておきたいのは、英文法を身につけるといっても、小難しい文法用語を覚えたり、文法の細かい規則まで覚えたりする必要はないということです。

　もちろん、これから英文法の研究者や専門家になりたいというのであれば話は別ですが、もしそこまでの気持ちがないのであれば、文法の細かいことまで覚える必要はありません。

　英文法で重要なことは、そうした細かい文法用語や用法を覚えることではなく、英語という言語はどういう発想のもとに、どういう文章構造になっているのかという「英文法のツボ」を押さえることです。

　では、そうした「英文法のツボ」とは、具体的にどのようなことなのでしょうか。私はそうした押さえておくべき「英文法のツボ」として、①「何が・どうする・何を」を押さえる、②動詞を押さえる、③関係詞を押さえる、④分詞を押さえる、という４つのツボがあると考えています。

　以下では、これら「英文法の４つのツボ」について、実例を挙げながら説明していきたいと思います。もちろん、これら「英文法の４つのツボ」をすべて理解したとしても、それですぐに広大で深遠な英文法の世界すべて

が理解できるわけではありません。

しかし、これらのツボさえしっかり押さえておけば、英語がどういう発想のもとに、どういう文章構造になっているのか、さらには、文章の中ではどういう情報が優先され、それらの情報はどういう形で提示されるのか、といった英語表現の重要な特徴についての理解をより深めていただけると思います。

† 「何が(主語)・どうする(動詞)・何を(目的語)」を押さえる

英文法の参考書を開けば、そこには英語の5文型の説明から始まって、冠詞、前置詞、能動態と受動態、関係代名詞、仮定法、動名詞、現在分詞と過去分詞、など山ほど覚えることが並んでいます。そうした英文法の参考書の中には500ページを超えるようなものも数多くあり、見ただけで圧倒されてしまいます。

たしかに、英文を正確に読みこなしていくためには、そうした文法項目の内容を一通りは理解しておく必要があります。しかし、それら数多くの文法項目の中でも特に英文のキモになるのは、主語、動詞、目的語の3つです。5文型の中で言えば、S(主語)+V(動詞)+O(目的語)です。

これさえ見極めることができれば、どんな英文でもそれほど怖がる必要はありません。もちろん、英語の5文型というように、英語の文型にはこれ以外にも次のような4つの文型があります。

S（主語）＋V（動詞）
S（主語）＋V（動詞）＋C（補語）
S（主語）＋V（動詞）＋O（目的語）＋O（目的語）
S（主語）＋V（動詞）＋O（目的語）＋C（補語）

　しかしながら、こうした5文型の中の中心的な存在として圧倒的に重要なのは、前述のS＋V＋Oの文型です。つまり、「何が（主語）・どうする（動詞）・何を（目的語）」というのが、英語の基本パターンだということです。
　英文を読むときにも、さらには書くときにも、聞くときにも、話すときにも、常にこの「何が・どうする・何を」ということを押さえることが一番大切です。これこそが英文のキモであり、エッセンスなのです。
　なお、この「何が・どうする・何を」を押さえることが英文を理解する上でいかに重要であるかということに関して、國弘正雄氏は前掲書『國弘流　英語の話しかた』の中で次のような興味深いエピソードを紹介しています。

　　昔の中学は五年制でした。文法に関して印象に残っている先生が二人おられます。その一人は、亀井萬三郎というコロンビア大学を苦学して出られた方で、この先生が教えてくれた文法は実に素朴かつおおらかなものでした。
　　語順ひとつでも〈S＋V＋O〉といった記号はおろか、〈主語＋動詞＋目的語〉といった用語すら使わ

れなかった。「何が→どうする→何を」の一本槍です。生徒も心得たもので、「英語とは？」と先生に聞かれると「何が・どうする・何をです」とはじかれたように答えるのです。そうすると返ってくるのは「よっしゃー」。

　たしかに、國弘氏も言うように、今の時代に比べると、亀井先生が「教えてくれた文法は実に素朴かつおおらかなもの」であったかもしれません。しかし、だからこそ、英語というのは端的に言えば、「何が・どうする・何を」を押さえればいいのだという、まさに英語の発想や考え方のキモを教えることができたのだと思います。

　このように、英文というのは主語（何が）、動詞（どうする）、目的語（何を）の３つが中心になって構成されたものであり、それ以外のものはこれらを修飾したりして追加的に説明を加える、いわば「付けたし」のようなものであると言っても過言ではありません。あくまでも、英語の文章の核心になっているのは、主語、動詞、目的語の３つなのです。

　たとえば、次の例文をご覧いただきたいと思います。これは、アメリカの「エミリーズ・リスト」という妊娠中絶を支持する女性政治家（候補を含む）を支援する団体に関する『ワシントン・ポスト』（2017年6月3日）の記事です。

　この記事では、"which" や "who" などの関係代名詞、

また"when"や"as"などの接続詞、さらには、"named"や"killing"などの過去分詞や現在分詞が数多く使われていて少し複雑な構造の文章になっていますが、この文章の何が核心部分で、何が追加的、補足的説明になっているかということに注意しながら一度読んでいただきたいと思います。

Emily's List, which promotes female candidates who support abortion rights, is backing Abrams, who in 2014 received the organization's first Gabrielle Giffords Rising Star Award, named in honor of the former Arizona congresswoman who was seriously wounded when a gunman opened fire, killing six people, as she met with constituents at a Tucson shopping center.
（妊娠中絶を支持する女性候補を支援する団体であるエミリーズ・リストはエイブラムズ候補を支援している。エイブラムズ候補は2014年にこの団体が主催するガブリエル・ギフォーズ・ライジング・スター賞を受賞した最初の人物である。この賞は元アリゾナ州選出の下院議員であったガブリエル・ギフォーズに敬意を表して名づけられたものであるが、ギフォーズはツーソンのショッピング・センターで遊説中に銃撃事件に遭い、6人が死亡するとともに、ギフォーズも重傷を負ったのだった）

いかがでしょうか。前述の通り、この文章には関係代

名詞や接続詞、さらには過去分詞や現在分詞などが数多く出てきて、少し難しかったかもしれません。しかし、先述の通り、この文章の核になるのは、あくまでも"Emily's List"という主語（何が）、"is backing"という動詞（どうする）、"Abrams"という目的語（何を）の3つであり、その他の文章はこれらに関して追加的、補足的に説明された「付けたし」に過ぎません。

『ニューヨーク・タイムズ』や『ワシントン・ポスト』などアメリカの主要紙を読んでいると、この文章のように、文章の核心部分よりも「付けたし」部分の方が遥かに多くなっている文章にしばしば出会います。

しかし、そんなときでも慌てる必要はありません。まずはその文章の核となる主語、動詞、目的語は何であるかということを見極め、それ以外のものは補足的追加情報であると考えればいいのです。

† 動詞を押さえる

上記で見たように、英文の最も基本的なパターンは、主語（何が）＋動詞（どうした）＋目的語（何を）ということであり、この3つを見極めることが英文を正確に理解する最も重要なポイントです。そんな中でも特に重要な役割を果たすのが動詞であり、英文を理解するためには、この動詞を押さえることが特に重要になってきます。

日本語と違って英語には、必ず主語と動詞があります。日本語では、分かりきっている場合などは、あえて主語を明示しないことが多いのですが、英語ではどんな

場合でも必ず主語が明示されます。

　しかし、あまり心配する必要はありません。英文の主語というのは文章の先頭に来ることが多いため、比較的見つけやすくなっているのです。

　それに比べて動詞は、主語を見つける場合ほど簡単にはいきません。たとえば、次の記事を見て下さい。この文章には下線を引いたように多数の動詞が出てきますが、それらの動詞のうちどれが主文の動詞なのでしょうか。

　　What <u>began</u> as talk show criticism of the president and <u>erupted</u> into a Twitter war between Trump and two TV hosts <u>escalated</u> Friday to <u>include</u> a claim that White House officials <u>offered</u> to <u>help spike</u> a negative story about them in the tabloid.（Bloomberg, 2017/6/30）

　（トークショーの２人の司会者がトランプ大統領を批判したことに始まった争いは、その後両者間のツイッター戦争にまでエスカレートした。そして金曜日になり、その２人のトークショー司会者に関する悪い記事がタブロイド紙に掲載されることになっているが、〔トランプ大統領へ謝罪すれば〕その記事が出るのを没にしてやるとホワイトハウスの高官が申し出たということが暴露される事態にまで発展した）

　なお、この記事については、この文章だけでは分かり

第2章　文法力を身につける方法

にくいかもしれませんので、少し補足説明をしておきましょう。まず、この記事に出てくる2人のトークショー司会者というのは、MSNBCの朝の人気番組である"Morning Joe"の司会者であるジョー・スカーボロとその婚約者であるミカ・ブレジンスキーのことです（なお、ミカ・ブレジンスキーはカーター大統領の国家安全保障担当補佐官を務めたズビグニュー・ブレジンスキーの娘です）。

トランプ大統領とこの二人は以前から懇意で、大統領に就任してからもトランプはこの番組の熱心な視聴者でした。ところが、トランプにはあまりにも大統領に相応しからぬ言動が多いため、あるとき二人が番組の中でトランプのことを批判したところ、それがトランプの逆鱗に触れることになり、ついにはツイッターによる両者の悪口合戦にまで発展したのでした。

そうした中、ホワイトハウスの高官（これは娘婿のジャレッド・クッシュナーであったと言われています）が、もし二人がトランプに謝罪すれば、タブロイド紙に掲載されることになっている二人に関する悪い記事を没にしてやる（spike）と申し出たという話です。

少し脱線しましたので、本題である英文記事の吟味に移ることにしましょう。よく見ていただければお分かりの通り、この記事には動詞が非常に多く出てきます。具体的には、began、erupted、escalated、include、offered、help、spikeという7つの動詞が出てきています。

これだけ多くの動詞が使われていますが、これは複数の文章ではなく、1つの文章なのです。ということは、

この文章の主語に対応する動詞を、これら7つの動詞の中から特定しなければならないということです。

　しかし、その動詞を特定するためには、まずその前に、どれがこの文章の主語であるのかを見極めなければなりません。通常、英文の主語は文章の先頭（あたり）に来ますので、それを見つけることはそれほど難しくはないでしょう。そのようにして見ていくと、この文章の場合も、文頭に"What"という主語になりうる単語がありますので、これではないかとまず見当をつけてみるといいでしょう。

　そうして文章を読んでいきますと、事前に見当をつけた通り、やはりこの"What"が主語であることが分かります。ただ、この文章の場合に留意すべきは、ここでは、この"What"のみが主語になっているわけではないということです。

　"What"というのは"何"という意味ではなく、"〜ということ"という意味です。つまり、"What"1語だけでは主語になることができず、必ずそのあとに"What"の内容を説明する文章が出てくるのです。

　前記の文章についても、"What"のあとに、"What"の内容を説明する文章が長々と続いていますが、この"What"から"two TV hosts"までの長い文章が主語を構成していることになります。

　つまり、この文章の主語は、"What began as talk show criticism of the president and erupted into a Twitter war between Trump and two TV hosts"という部分だということです。

第2章　文法力を身につける方法　053

さて、その次にしなければならないのが一番大切な動詞の特定ですが、通常、動詞は主語のすぐあとに出てきます。この文章についても、主語の最後の部分にあたる"two TV hosts"のすぐあとを見ると、思った通り"escalated"という動詞が出てきますので、これが長い主語に対応する主文の動詞であると特定できます。

　もっとも、この記事のように、主語を構成する"What"のあとにこれほど長い文章が続くことはそれほど多くありません。通常は、"What I said"（私の言ったこと）や、"What he promised"（彼が約束したこと）などのように比較的短いものが多いので、"What"が主語になっている場合でも、主語を構成している部分を特定することは比較的容易です。

† 関係詞（関係代名詞と関係副詞）を押さえる

　英文法の３つ目のツボは、関係代名詞の使い方をしっかり押さえておくことです。第１章でも簡単に触れましたが、英語表現の最も大きなクセの一つは、欠けた情報をあとから追加していくということです。

　つまり、英語表現の基本パターンというのは、その文章の中で重要な情報を文章の前の方から出していき、それに関連する情報をそのあとからどんどん追加していくという、まさに「情報追加型」の構造になっていることです。

　そのように文章のあとから情報を追加していく上で非常に重要な役割を果たしているのが"who""which""that"

などの関係代名詞なのです。

　日本語と英語では語順や構造が根本的に違うため、たとえば、「私が愛する国」という日本語を英語にしようとすれば、"which"や"that"などの関係代名詞を使って"the country which (that) I love"という形になります。

　つまり、日本語に訳すには、昔の訳読法でいえば、「〜するところの〜」というように、関係代名詞の後ろから戻って、その前にある先行詞を修飾するという形になるわけです。

　このように、私たちは学校で関係代名詞について学習したとき以来、関係代名詞が使われているときには、その後ろから戻って訳すという習慣が頭の中に強く刷り込まれています。そのため、英文を前から順番に読んでいって、その順番通りに理解するという自然な読み方に慣れていないのです。

　しかし、前述の通り、英文の基本パターンというのは「情報追加型」です。つまり、英語の文章というのは、あとから戻ったりしなくても、出てくる順番に読めば理解できるようになっているのです。

　そうした英文の典型が先に用例として挙げた下記の文章です。同じ英文の繰り返しになり恐縮ですが、これは英文が「情報追加型」であることを示す最も良い例文の一つですので、あえてここに再掲させていただきます。

　Emily's List, which promotes female candidates who support abortion rights, is backing Abrams, who in 2014

第2章　文法力を身につける方法　055

received the organization's first Gabrielle Giffords Rising Star Award, <u>named</u> in honor of the former Arizona congresswoman <u>who</u> was seriously wounded <u>when</u> a gunman opened fire, <u>killing</u> six people, <u>as</u> she met with constituents at a Tucson shopping center.

　この英文の中には、関係代名詞として"which"が1つ、"who"が3つ出てきます。また、これらのほかにも、この英文には過去分詞（named）が1つ、現在分詞（killing）が1つ、接続詞（when, as）が2つ出てきますが、これらはすべて追加情報を提供するときに使われるものです。

　では次に、この英文が前から順番に意味を取っていけば理解できるようになっていることを実際に示していきたいと思います。まず、最初に出てくる"which"は、その直前に出てくる先行詞"Emily's List"についての情報を提供する役割を果たしています。具体的には、「エミリーズ・リストは女性の政治候補を支援している」（which promotes female candidates）という追加情報です。

　そして、"female candidates"のあとに、またすぐ"who supports abortion rights"という形で関係代名詞が出てきますが、これもその前に出てくる"female candidates"について、「妊娠中絶を支持している」という追加情報を提供しているわけです。

　その次は、"Abrams"のあとに、"who in 2014 ... Rising Star Award"として2つ目の"who"が出てきますが、これ

も"Abrams"についての追加情報です。そして、その次に出てくるのは"Abrams"が受賞した"Gabrielle Giffords Rising Star Award"についてですが、この賞が"Gabrielle Giffords"という人物に因んで名づけられたという追加情報が、"named"という過去分詞を用いて提供されているわけです。

そして、そのあとに出てくる"who"では、その先行詞となっている"Gabrielle Giffords"という名の元アリゾナ州選出女性下院議員が「重傷を負った」こと、そしてそれはガンマンによって銃撃されたときに（when）起こったこと、また、その銃撃によって6人が死んだこと（killing）、さらには、その銃撃事件は下院議員がアリゾナ州ツーソンのショッピング・センターで遊説中に起こったということ（as）などが、こうした関係代名詞、現在分詞、過去分詞、接続詞などを使って、次から次へと追加情報として提供されているわけです。

このように、英文というのは先に出てきたものについて、そのあとから追加的に情報提供していくというのが基本パターンになっています（もちろん例外もありますが）。

そのため、その気にさえなれば、関係代名詞、現在分詞、過去分詞、接続詞などを使っていくらでも文章を繋げていくことができるようになっています（現在分詞、過去分詞についてはこのあとに詳述します）。

もちろん、英語でもあまりに文章が長いと悪文だと言われますので、特にジャーナリストが書く文章は、一文

があまり長くならないように注意が払われています。しかしながら、前記のごとく、英語ではあとから次々に追加情報を提供していくというのが基本パターンになっていますので、日本の新聞や雑誌の記事などに比べますと、欧米の一流紙や雑誌の記事の一文はかなり長くなっています。

なお、これまで見てきた関係代名詞と同じように、"where" や "when" などの関係副詞も、追加情報を提供していく上で大変重要な役割を果たしています。関係副詞というのは「前置詞+which」のことで、多くの場合、"where" は "in which" や "at which" に、また "when" も "on which" や "at which" などに置き換えることができます。

関係副詞は関係代名詞ほど頻繁に使われるものではありませんが、関係代名詞に準ずるものとして、その用法を是非押さえておいていただきたいと思います。

† 分詞（現在分詞、過去分詞、分詞構文）を押さえる

以上これまで、英文のツボとして、①「何が・どうする・何を」を押さえる、②動詞を押さえる、③関係詞を押さえる、という3つのツボについて述べてきましたが、最後にもう一つ重要な英文法のツボをご紹介しておきたいと思います。それは、現在分詞と過去分詞の使い方をしっかり押さえておくということです。

これまでも繰り返し強調してきましたように、英文がもつ最も大きな特徴の一つは、新しい情報があとからどんどん追加されていくということです。そのような英文

の情報追加的傾向と構造を支えているのが、先に見た関係代名詞と、これから見ようとしている分詞（現在分詞と過去分詞の2つがあります）なのです。

では、いったい分詞とはどういうものなのでしょうか。分詞の用法には、大きく言って、直前の名詞を修飾する「限定用法」と、分詞が補語として用いられる「叙述用法」の2つがあります（なお、こうした文法用語は覚える必要はありません）。

そのほかにも、分詞には分詞構文など様々な用法がありますが、そのような分詞の用法の中でも、英文の情報追加的特徴という観点から見て最も重要なのが、直前の名詞を修飾する「限定用法」です。この分詞の「限定用法」というのは、関係代名詞とならび非常に頻繁に使われています。少し長い英文になると、かなり高い確率で、「限定用法」による現在分詞か過去分詞かのどちらかが使われています。

では、「限定用法」の分詞がどのように使われているのか、実際に使われている英文記事をまず見ていただくことにしましょう（下線を引いた3つの単語が「限定用法」の分詞として使われています）。

Mr. Trump, the product of a well-to-do, predominantly white Queens enclave who in 1989 paid for a full-page ad in The New York Times calling for the death penalty for five black teenagers convicted but later exonerated of raping a white woman in Central Park, flirted with racial controversy during the 2016 campaign.(*The New York Times*, 2017/8/12)

　まず、この英文記事を読み解く上で最も重要なことは、前項で指摘した「文章の主語と動詞を見極める」ということです。この英文の主語については、文頭に"Mr. Trump"がありますので、すぐにお分かりいただけるかと思います。

　では、主文の動詞は何でしょうか。この記事には"paid" "calling" "convicted" "exonerated" "flirted"など、主文の動詞のように思えるものが数多く出てきますので多少分かりにくいかもしれませんが、正解は最後の"flirted"です。

　つまり、"Mr. Trump"のあとに続く"the product of ... in Central Park"という長い部分はこの文章の大部分を占めていますが、この部分は主文ではなく、"Mr. Trump"に関する補足的な追加情報であるということです。ということで、この主文は"Mr. Trump flirted with racial controversy during the 2016 campaign."(トランプ氏は2016年の大統領選キャンペーン中に人種問題に関する議論をもてあそんだことがあった)ということになるわけです。

　では、その間にある長い文章はどういう意味になるのでしょうか。また、その中に出てくる下線を引いた"calling"(現在分詞)、"convicted"(過去分詞)、"exonerated"(過去分詞)という3つの分詞はどのような役割を果たしているのでしょうか。

まず、"the product of a well-to-do, predominantly white Queens enclave"という部分ですが、これは、トランプは「裕福な白人住民が主体となっているクィーンズのある特別な地域で育った人間である」という意味で、トランプについての追加情報になっています。

　そして、そのあとに続く"who in 1989 paid for a full-page ad in The New York Times"という部分は、トランプが「1989年にニューヨーク・タイムズにフルページの全面広告を出した」ということを追加情報として提供しているわけです。

　では、トランプはどんな内容の全面広告を出したのでしょうか。それについての情報提供をしているのが、そのあとに続く"calling for the death penalty for five black teenagers"という部分です。つまり、トランプはその広告で、「5人の黒人のティーンエージャーを死刑にすることを要求した」のです。

　なお、ここで注目していただきたいのは、"calling for"という部分です。"call for"というのは「要求する」という意味ですが、ここでは"calling for"という現在分詞として使われて、その前に出てくる"a full-page ad in The New York Times"という名詞句の具体的内容を説明する形になっています。言い換えれば、"calling for"は関係代名詞を使った"which calls for"と同じ意味になるわけです。

　そして、そのあとに続く"convicted but later exonerated of raping a white woman in Central Park"という部分でも、"convicted"（有罪となった）、"exonerated"（潔白が証明され

第2章　文法力を身につける方法　061

た）という2つの過去分詞が使われていますが、この2つの過去分詞もその直前に出てくる "five black teenagers" についての追加情報を与える役割を果たしています。

つまり、この部分は、「その5人の黒人のティーンエージャーたちはセントラル・パークで白人女性を強姦した罪でいったんは有罪となったが、のちに潔白が証明された」という意味になるわけです。過去分詞が使われているこの部分も、前記の現在分詞が使われてところと同じように関係代名詞を使って、"who was convicted but later exonerated" と言い換えることができます。

このように、現在分詞は能動態（〜する）の意味として、また過去分詞は受動態（〜される）の意味として使われるという違いがありますが、どちらも関係代名詞を使わずにその直前に出てくる名詞や名詞句についての追加説明や情報を与える役割を果たしているという点ではまったく同じです。

英語では、こうした現在分詞や過去分詞の使用は不可欠であるばかりか、非常に自然なものであり、一般人のコミュニケーションにおいても極めて頻繁に使われています。次に挙げる英文は筆者がアメリカの首都ワシントンDC郊外のマンションに住んでいたとき、そのマンションの管理人からマンションの住人に対して送られてきたメールの一部です。

メールの内容は、マンション内では喫煙が禁止されているにもかかわらず、喫煙している住人がいるという苦情が最近非常に増えているということですが、こうした

一般的な連絡メールでも現在分詞や過去分詞（下線を引いた語）が当たり前のように使われています。

　　There has been a significant increase in the number of complaints <u>received</u> by management concerning the behavior of residents, occupants and guests of our community. We have received several concerns regarding residents <u>smoking</u> inside of their apartment homes as well as within 25 feet of our community outside.
（最近、このマンションの住人やゲストの行動に関して、私のところに寄せられる苦情の数が非常に増加している。自分の部屋の中や、マンション外でも敷地から25フィート以内の場所で喫煙している住民がいるという苦情が数件寄せられている）

　また、分詞については、上記のような使われ方に加えて、皆さんも英文法の授業で勉強されたと思いますが、分詞構文と呼ばれる使われ方があります。分詞構文とは、文章を接続するときに"when""while""as"などといった接続詞を使わずに、分詞（過去分詞も使われますが、全体としては圧倒的に現在分詞が多い）を使って表現する方法です。たとえば、"Walking down the street, I met Nancy."（道を歩いているときに、ナンシーに会った）というような文頭の現在分詞の使われ方がその典型的なものです。
　この例のように、分詞構文は文頭で使われると記憶されている方が多いと思いますが、文章の後半で使われる

第2章　文法力を身につける方法　063

場合もよく見かけます。実際、欧米の一流紙や雑誌の記事でも、次の英文のように分詞構文は文章の後半で頻繁に使われ、記事に追加情報を提供する重要な役割を果たしています。なお、下記の英文は2017年8月末にテキサス州ヒューストンとその周辺地域を襲ったハリケーン・ハービーに関する記事から採ったものです。

The storm has hit Houston and the surrounding region, <u>causing</u> catastrophic flooding and <u>killing</u> at least five people in the region, the National Weather Service said Sunday morning. (*The New York Times*, 2017/8/27)
（国立気象局が日曜日の朝発表したところによると、ハリケーンはヒューストンとその周辺地域を襲って大洪水をもたらし、それによって少なくとも5人が死亡した）

　欧米の新聞や雑誌の記事を読むと、一つ一つの記事の量が多いだけでなく、記事を構成する一文一文も非常に長くなっていることにきっと驚かれるだろうと思います。それに比べると、日本の新聞や雑誌においては、紙幅の関係からか、一つの記事だけでなく、記事の中の一文一文についても短いものが多くなっています。

　そんな日本の新聞や雑誌の記事に長年慣れ親しんでいますと、どうしても欧米の新聞や雑誌の記事は長すぎるように感じます。そうした原因の一つには、前記の通り、欧米の新聞、雑誌では長い記事が書けるだけの紙幅

が用意されているのに対して、日本の新聞や雑誌では余裕ある紙幅が提供されていないという物理的な側面があるように思われます。

しかし、それ以上に大きな原因になっていると思われるのは、これまで見てきましたように、英語では関係代名詞や関係副詞などの関係詞、さらには、現在分詞や過去分詞など分詞の働きによって、あとからいくらでも説明や情報を追加していくことができる文章構造になっていることです。

以上これまで、英文法で押さえておくべきツボとして、①「何が・どうする・何を」を押さえる、②動詞を押さえる、③関係詞を押さえる、④分詞を押さえる、という４つについて、実際の新聞記事や雑誌記事を使いながら解説してきました。

英文法の参考書をご覧いただければお分かりのように、英文法にはこれら以外にも仮定法、動名詞、不定詞、時制、比較など覚えなければならない重要項目がたくさんあります。もちろん、そうした項目についても、お手持ちの英文法参考書か、あるいはこのあとご紹介する英文法参考書などで一通り理解しておいていただきたいと思います。

しかし、どんな分野においても同じことですが、すべてのものが同じ重要性を持っているわけではありません。当然、そこには非常に重要なことと、それほどでもないことといった重要性の濃淡があります。

そうした意味において、ここでご紹介した４つのツボ

第2章 文法力を身につける方法

は、英文を理解する上での最重要項目ですので、是非ほかの文法項目以上に力を入れて勉強していただきたいと思います。これら4つのツボさえしっかり理解し頭に入れることができれば、英文法の急所は摑んだと言っても過言ではありません。そうなれば、あとは、とにかく単語を一つでも多く覚えていくだけです。

　英文を読むとは、極端に言ってしまえば、"Who did what where when and how"（誰が何をどこでいつどのようにしたのか）を読み解くということです。そして、それらの情報は読んでいる文章のどこかに必ず書かれています。

　もちろん、場合によっては、それらの情報が一文の中には書かれておらず、二文、三文にわたって書かれていることもあります。しかし、注意して読んでいけば、それらの情報は必ず文章のどこかに出てきます。そうした情報を追いかけていくことが、まさに英文を読むということなのです。

　そうした情報を英文の中で見つけ出していく上で特に重要なポイントが、ここでご紹介した英文法の4つのツボなのです。たとえば、"who did what"というのは、4つのツボの中の①「何が・どうする・何を」を押さえる、②動詞を押さえる、ということであり、"where when and how"というのは、③関係詞を押さえる、④分詞を押さえる、ということにほかなりません。

†どんな英文法参考書を読めばいいのか

　さて、これまで、①一通り英文法の内容を理解してお

くことがいかに大切であるか、さらには、②英文法には覚えるべき事が多いが4つのツボさえきちんと押さえておけば英文法のエッセンスは摑める、ということを述べてきました。

そこで、ここでは本章の最後として、実際にこれから自分で英文法を勉強していくにあたり、具体的にどんな英文法参考書を読んでいけばいいのか、ということについて少し述べさせていただきたいと思います。

†自分のレベルにあったものから始める

まず、どんな本や参考書を使って勉強していけばいいのかということですが、言うまでもなく、これについては現在の自分の実力にあったものから始めるということが最も大切です。特に英文法のように覚えるべきことが多く、しかも、その内容が複雑で簡単には理解できないことが多い科目を勉強する場合には、途中で挫折して勉強を断念してしまう危険性が高くなります。

そのように途中で挫折してしまう最大の原因は、参考書として選んだ本の内容が理解できず、読み進めていくのが苦痛になるからです。つまりは、現在の自分の実力では今使っている参考書のレベルが高すぎるということです。

したがって、途中で挫折せずに英文法の勉強を進めていくためには、今の自分の実力で理解できるものから始めていく必要があります。「いい歳をして、今さら中学の英文法からやり直しするなんて嫌だ」という方もいら

っしゃると思いますが、そこはグッと堪えて、もう一度やり直ししていただきたいと思います。

　また、前述の通り、英文法参考書では解説する項目が多いため、その多くが500〜600ページという非常にページ数の多いものになっています。そうしたページ数の多さも、途中で挫折する原因の一つになっているのではないかと思います。

　ただ、幸いなことに、英文法を含めた日本の英語参考書は質、量、バラエティ等すべての面で世界一素晴らしいものです。大型書店の英語参考書コーナーに行けば、中学時代の基礎英文法からやり直すための英語参考書が数多く並んでいます。

　実際に書店でそれらの参考書の何冊かにざっと目を通してみて、解説の仕方やページ数などを考えて、途中で挫折しないで読み続けていけそうだと思った参考書をまず見つけて下さい。そして、それをとにかく一度通読して、もし自分が十分理解できていないと思ったところは理解できるまで、何度でも繰り返して読み返していただきたいのです。

　これは、あとあと英文法の勉強を続けていく上で非常に大切なことです。中学時代に学ぶ基礎英文法というのは英語学習すべての土台であり、この土台がしっかりしていなければ、その後いくら中級、上級の参考書を使って勉強していっても一向に理解は進みません。その意味でも、いくら時間がかかろうとも、とにかく中学の基礎英文法だけはしっかり身につけていただきたいと思いま

す。

　それから、英文法の勉強にあたって重要なことを、ここで一つ申し上げておきたいと思います。それは、英語とはどういう語順やどういう構造になっているのか、さらには、どういう単語を使ってどういう表現の仕方をするのか、といった英語の発想を理解することです。

　先にも述べましたが、「関係代名詞の継続用法」、「分詞の限定用法」、「不定詞の名詞的用法」などといった文法用語は覚える必要はありません。そんなことを覚えても英文を理解する上では何の役にも立ちません。

　英文法嫌いが多い大きな原因の一つになっているのが、次から次へと出てくる文法用語がなかなか覚えられず、ついていけなくなってしまうことです。しかし、上記の通り、英文法の学習で最も大切なことは、英語の語順や構造などその発想を理解することであり、文法用語などは覚えなくても何の問題もないのです。

✝初学者向けの英文法参考書

　前記の通り、書店の英語学習コーナーには山のように英文法参考書が並んでいます。そして、その中には中学の基礎英文法を含めた初学者向けの参考書も数多くあります。そんな中から自分が気に入ったものを選んでいただければいいのですが、どれを選べばいいのか分からないという方もいらっしゃるのではないでしょうか。

　そんな方のために、ここであえて何冊か紹介させていただきますと、まずは成川博康氏の『深めて解ける！

第2章　文法力を身につける方法

英文法INPUT』（学研教育出版）と、『「なぜ」がわかる英文法の授業』（学研教育出版）をお勧めしたいと思います。これらは2冊とも丸暗記の英文法から脱して、英文法の本質を理解させようという姿勢が貫かれており、文章も分かりやすく解説も非常に丁寧に書かれています。

　これら以外にも初学者向けの素晴らしい英文法参考書は数多く出版されていますが、そんな中でも特に紹介しておきたいのは、大岩秀樹氏の『大岩のいちばんはじめの英文法』（東進ブックス）と、阿川イチロヲ氏の『英文法のトリセツ　じっくり基礎編』（アルク）です。これら2冊も先に紹介した2冊と同じく、英語初学者の身になって非常に丁寧かつ平易に書かれており、中学英語の基礎から英語を勉強し直したいという方には是非お勧めしたい英文法参考書です。

　以上ここで紹介した英文法参考書は、すべて予備校の英語講師や英語塾経営者によって書かれたものです。こうした人たちは、英語の初学者にも理解できるように英文法をやさしく説明できないと、自らの収入に直接影響してくることもあり、誰にでも非常に分かりやすく英文法の説明をしてくれています。

　そういった意味でも、特に初学者向けの英語参考書を購入する場合は（英文法書に限らず）、分かりやすい説明のできる上記のような人が書いたものがお勧めです。

† その他お勧めの英文法参考書

　さて、英文法の基礎から勉強し直していきたいという

人たち向けの参考書については前項でご紹介した通りですが、特に基礎英文法については、完全に理解するまでしっかり頭に入れておくことが何よりも大切です。基礎英文法の理解が不十分であると、そのあとの英語学習に悪影響を及ぼし、うまく進んで行きません。「何事も基礎が肝心」ということは英文法、ひいては英語全般の学習にも当てはまることです。

では、基礎英文法については一応身につけることができたとして、その段階を通過した中・上級者はどのような参考書を使って英文法の勉強を続けていけばいいのでしょうか。

初学者向けの英文法参考書と同じく、こうした中・上級者向けの英文法参考書についても書店の英語学習コーナーには数多く並べられており、その中のどれを選べばいいのか本当に迷ってしまいます。

たとえば、江川泰一郎氏の『英文法解説』(金子書房)や、綿貫陽氏ほかの『ロイヤル英文法』(旺文社)などは、中・上級者向けに書かれた本格的な英文法参考書であると言えます。両書とも大変定評のある優れた英文法書であり、特に江川氏の『英文法解説』は数十年前に筆者が大学受験生であったころから、英文法参考書の定番としてすでに有名で、私も大変お世話になりました。

ただ、両書とも相当高度な内容ですので、基礎英文法を仕上げたぐらいの英文法知識では、読んでいくのは少しシンドイかもしれません。これからも英文法の勉強を続けていきたい、あるいは英文法をもっと深く知りたい

という方には最適の参考書ですが、そこまでの強い気持ちがない方にはあまり向いていないかもしれません。

それでは、そのほかにどんな中・上級者向けの英文法参考書があるのでしょうか。そうした英文法参考書として私がお勧めしたいのは、『総合英語フォレスト』(桐原書店 ＊現在は販売終了となっていますが、同内容のものが『総合英語 Evergreen』としていいずな書店より発売)です。

この本は英文法に関する大学受験参考書として最も有名な定番の一つであり、自分も大学受験時代に使っていたという方も多いのではないかと思います。しかし、この本は大学受験生だけのものにしておくのはもったいない本です。むしろ、社会人やビジネスマンの中で、もう一度英文法をしっかり勉強してみたいという方に是非お勧めしたい英文法書です。

先に初学者向けの英文法書として紹介した本などと同様、この本も暗記ではなく学習者が理解することに力点を置いており、大変分かりやすい内容になっています。また、本書の大きな特徴は、基本的にどの文法項目についても、「Part 1 これが基本」、「Part 2 理解する」、「Part 3 深く知る」という３部構成になっていて、段階的に文法知識を増やしていけるように工夫されていることです(項目によっては「Part 3」がないものもありますが)。

したがって、まだ文法知識にあまり自信のない方は、まず各項目の「Part 1」を読み、それが終わったら「Part 2」、そして最後に「Part 3」を読んでいくというやり方をすれば、基礎的な文法知識から相当高度な文法知

識まで無理なく学習することができます。

　もっとも、この本はもともと大学受験参考書として企画されたものですので、上級者向けの英文法書としては少し物足りないところがあるかもしれません。しかし、そこまでのものをお望みでないならば、この本で十分にビジネスマンとして必要な英文法知識を習得することができます。

　実際、『ニューヨーク・タイムズ』や『タイム』などに掲載される英文記事を読む場合でも、それらの内容を理解するのにそれほど高度な英文法力が必要になるわけではありません。少なくとも英文法に限って言えば、大学受験レベルの英文法力があれば、それで十分であり、それ以上のものは必ずしも必要ありません。

　将来、自分は英語の先生になりたいとか、英文法学者になりたいなどという希望があるのなら別ですが、もしそうでなければ、『総合英語フォレスト』（『総合英語Evergreen』）をしっかり勉強すれば英文法に関してはビジネスマンとして十分だと言えるでしょう。

　なお、上級者向けの英文法参考書については、先に『英文法解説』と『ロイヤル英文法』の２冊をご紹介しましたが、それ以外に、英文法の本質を理解したい、冠詞、不定詞、動名詞などの微妙な使い分けを知りたいなど、より高度な英文法を学びたいという方には植田一三氏の『スーパーレベル　パーフェクト英文法』（ベレ出版）をお勧めしたいと思います。

　それから最後に、大西泰斗氏とポール・マクベイ氏の

『一億人の英文法』(東進ブックス) も一読の価値があります。これはできるだけ正統派の英文法書で使われている文法用語を使わずに、ネイティブ・スピーカーの感覚や語感を通して英文法の本質を理解させようとする異色の参考書です。

　ただ、基礎英文法の土台のない人がこれを読んでもあまり効果はないと思いますので、一応、前記のような初学者、中級者向けの英文法書をやり終えたあとに手に取っていただければと思います。

第 3 章

語彙力を強化する方法

† 新しく1万語覚える

　さて、前章では英文法の勉強において最も重要な4つのツボや、英文法を勉強していくにはどんな参考書を使えばいいのかということについて、実際の英文記事や具体的な参考書名をあげて説明させていただきました。

　英文法について一応そのツボや勉強法が分かっていただけたとすると、次に取り組まなければならないのは単語です。英語を真に読めるようになるためには、様々なことを学んでいかなければなりません。しかし、そんな中でも特に重要なのは、やはり何と言っても、文法と単語の力をつけることです。

　特に言語というものが単語を基にして成り立っていることを考えますと、やはり単語を覚えないとどうしようもありません。書店では、「英語は3語で伝わる」とか、「アメリカ人は100語しか使っていない」とか、あるいは、「動詞は20個覚えておけば大丈夫」などといって、英語は簡単にマスターできることを謳った本も数多く出版されていますが、現実はそんな甘いものではありません。

　かりに百歩譲って、万が一3語や20語や100語で英語が読める、聞ける、話せるようになれたとしても、それは外国に行ったときに買物ができるとか、その国の人と簡単な会話ができるといったまさに「会話ごっこ」程度の話であり、決して内容のある英語を読んだり、話したり聞いたりできるわけではありません。

というわけで、皆さんには、そうした数少ない単語で英語ができるなどという夢物語は「ゆめゆめ」信じないようにしていただきたいのです。本書の究極の目的である『ニューヨーク・タイムズ』や『タイム』など欧米の一流新聞や雑誌レベルの英文を辞書の世話にならずスラスラ読めるようになるためには、英文法を一通り身につけたあとは、何をさて置いても語彙力の増強に努めなければなりません。

　これは第1章でも述べたことですが、欧米の一流紙や雑誌を辞書なしに読んでいくためには、最低でも1万～1万5000語の単語を覚えておく必要があります（なお、アメリカ人の平均的な語彙数は約2万語と言われていますが、『タイム』1冊で使われる語彙は約5万語と言われており、平均的なアメリカ人でも『タイム』で使われる語彙すべてを理解できるわけではありません）。

　その一方、鳥飼玖美子氏の前掲書によると、平均すると日本の大学生の場合は、「大学卒業時で4000～5000語くらい」の英語の語彙力のようです。しかし、これも大学4年間に1000～2000語程度の語彙を増やしたという前提での話であり、実際には、大学卒業時に4000～5000語の語彙力を持っている学生はそれほど多くはないと思われます。

　また、かりに大学卒業時に4000～5000語の語彙力があったとしても、大学を卒業して社会人になってからもその語彙力を維持していくのは容易なことではありません。もちろん、社会人になってからも仕事の関係で継続

的に英語に関わったり、自主的に英語の勉強を続けていかれる方は、大学卒業時の語彙力を維持するだけでなく、それを拡大強化することも十分可能だと思います。

しかし、一般的には、そうした方よりも、社会人になってからは英語から遠ざかっているという方のほうが多いのではないでしょうか。一般的な大学生の場合は、「入学後の半年で語彙は四分の一近くが失われる」(鳥飼氏前掲書)そうですが、社会人になって以降、英語から遠ざかっている方は、そうした大学生以上に語彙力が落ちていると考えた方がいいと思います。

ということは、たとえば『ニューヨーク・タイムズ』や『タイム』などを辞書なしで読むためには、かりに大学受験時代の語彙力を維持し続けていたとしても、それからまだ1万語程度の新しい単語を覚えなければならないということになるわけです。

† 語彙を増やす方法

では、具体的に語彙を増やすにはどうすればいいのでしょうか。ここではまず、語彙を増やす上で皆さんに心得ておいていただきたい4つのことについて述べてみたいと思います。

これら4つのことはどれも非常に基本的なことばかりで、決して目新しいものではありません。おそらく皆さんも、これらについては今までどこかでお聞きになったことがあるのではないかと思います。

しかし、これら4つのことは、語彙を増やし、またそ

れを確実に身につけ、自分のものとして定着させる上で非常に役立つ方法ですので、できることから是非実行していただきたいと思います。

† 多読する

　語彙を増やす方法については、これまでにも様々な人が様々な方法を提案してきました。しかしながら、日本人英語学習者が英単語を覚える上で、どんな方法が最も効果的であるかということについては、未だに英語研究者や教育関係者の間でも意見の隔たりが大きく、残念ながらこれといった決定的なものは出ていません。

　ただ、そんな中にあって、そうした英語関係者の意見が例外的に一致することが一つだけあります。それは、英文をできる限りたくさん読むこと、いわゆる多読をすることです。たとえば、これまで何度も登場願った鳥飼氏も前掲書の中で、語彙を増やすには多読が一番だとして次のように述べています。

　　では、どうするのかといえば、回り道を覚悟して、ゆっくり着実に語彙を取り込むしかないように思います。どうやって？　英文を読むのです。それも、たくさん読むのです。
　　読み方には「精読」（intensive reading）と「多読」（extensive reading）の二種類がありますが、自習では多読がお勧めです。細かいことには拘らず、内容を楽しみながらざっと読み飛ばす。知らない単語があ

っても、いちいち辞書を引いていたら、時間ばかりかかって進まず、楽しくないので、知らない単語は無視します。そしてどんどん読むのですが、特定の単語の意味が分からないとどうしても内容が把握できない、意味を推測してみるのだけれど、それが正しいかどうか確認したいという場合は、辞書で意味を調べます。「ああ、こういう意味なのかあ」と思って納得すると、おそらくその単語は頭の中のデータベースに蓄積され定着します。

また、日本の英語達人の一人である松本道弘氏も「自然に単語を覚える」ことの重要性を強調していますが、そのように「自然に単語を覚える」ためにも英文を多読・乱読することが重要であると述べています。

ただ、ここで留意すべきことは、松本氏が「単語はふやすために読むのではな」く、「読むのに必要だから単語を覚えるのである」として、単語を増やすこと自体が目的ではないことを強調していることです。

さらに、翻訳家の高橋茅香子氏も『英語となかよくなれる本』(文春文庫)の中で、「どうしたら英語の文章を読めるようになるんでしょうとよくたずねられるが、答えはたったひとつ」だとして、次のように述べています。

> ひたすら読みまくること。それじゃあ身もふたもない、と思わないでほしい。これはほんとうにほんとのことなのだから。大切なのは、自分の興味にし

たがって、好きなものを読むことだ。（中略）
　読んで、読んで、読みまくることこそ、言葉をおぼえ、表現を豊かにしていく唯一の方法ではないだろうか。それが日本語であっても、英語であっても。

　このように、語彙を増やしていくためには、とにかく片っぱしから何でも読んで、読んで、読みまくることが何よりも大切です。逆に言えば、それしか方法はありません。純粋に日本で生まれ育ちながらも英語ができると言われるようになった人で、多読の効用を認めない人はいません。とにかく英文を多読することが、語彙の増強のみならず、英語の語感やリズム感を養う最良の方法であることを忘れないでいただきたいと思います。
　ただ、いくら多読が語彙力増強に役立つといっても、まだ語彙力が十分に身についていない段階で多読しようとしてもだい無理です。多少逆説めいた言い方にはなりますが、英文を多読していくためにも、それを行う前にある一定の語彙力をつけておく必要があります。
　では、その「一定の語彙力」とは一体何語程度で、またそれはどのようにして身につければいいのでしょうか。もちろん、「一定の語彙力」といっても特に何語という基準があるわけではありません。また一概に英文といっても、児童書から難解な文学まで、その難易度は様々であり、それらを読みこなしていくためには、それらに応じた「一定の語彙力」が必要になります。
　では、その「一定の語彙力」は何をもって判断すれば

いいのでしょうか。私はこれを「8割基準」と呼んでいるのですが、たとえば今読もうとしているのが児童書だとして、その中に出てくる語彙の8割を自分が知っていれば、一応、今の自分にはそれを読むだけの「一定の語彙力」があると見なしてよいのではないかと考えています。

　もちろん、出てくる語彙の8割の理解では、その英文の内容を完全に理解することはできないかもしれません。しかし、知っている語彙が8割あれば、何とかその概要は摑むことができるはずです。あとは、その英文に出てくる自分が知らない2割の語彙をそのつど辞書でしっかり調べて、その意味を覚えていくことです。

　そのようにして、語彙の8割は理解できる英文をできるだけ多読していき、そしてそこで出てきた知らない語彙についてはそのつどしっかり覚えていくようにすれば、必ずその段階を卒業してより高度な次の段階へと進めるようになるはずです。

　もっとも、この「8割基準」というのは、あくまでも一つの目安に過ぎません。そこに出てくる語彙の8割以上を知っていれば、とにかくどんどん読み進んでいけばいいですし、かりに語彙の5〜6割しか知らないような英文でも、読むのに苦痛を感じるほどでなければ、多少無理してでも読み進めていけばいいと思います。

†辞書をトコトン使う

　語彙を増やす2つ目の方法は、辞書を徹底的に使うこ

とです。英語は外国語なのですから、日本人が英単語を知らないのは当たり前のことです。そうした日本人英語学習者のために存在するのが英和辞書なのです。

　皆さんも学生時代に英和辞書を購入されたと思いますが、もしまだそれがあれば、それをもう一度取り出してきて、常に身近に置いて徹底的に引きまくっていただきたいのです。英語の実力、特に語彙力というのは、どれだけ辞書を引いたかに比例するものです。辞書を引けば引くほど、語彙力というのは確実に伸びていきます。

　これは私の過去の経験からも自信をもって言えることです。騙されたと思って、是非今日から辞書を座右の書にして、知らない単語が出てきたら必ず辞書を引く習慣を身につけて下さい。

　実際、辞書を徹底的に使いこなすことが英語学習においていかに大切であるかということについては、私だけでなく多くの英語関係者がすでに語っています。たとえば第2章でご紹介した志緒野マリ氏も前掲書の中で、「辞書をちゃんと読めば、ネイティブなしでも、正しい英語（発音も意味も使い方も）の95%が身につく」とした上で、「「馬鹿とハサミは使いよう」というたとえがあるが、辞書ほど使いようによって、その価値が大きく変わるものはない」と述べるなど、「辞書をトコトン読みこな」すことの効用を説いています。

　また、斎藤兆史氏も『英語達人塾』（中公新書）の中で、「僕は、語学力は辞書を引く回数に比例して伸びるものだと信じている。少なくとも読解力に関して言え

ば、辞書をこまめに引くか引かないかが決定的な差となることは間違いない」とした上で、次のように述べています。

> 使いやすい辞書を入手したら、英語を勉強する際はつねにそれを座右に置いておく。そして、英文を精読するときには、知らない単語や表現が出てくるたびにそれを引くという心構えが必要である。もちろん、そのような読み方ばかりでは英文の量をこなすことは難しいので、ときには全体の意味を取りながら速読することも大事だが、辞書をこまめに引いて英文を精読する訓練を欠かしてはいけない。

たしかに、斎藤氏が言うように、「知らない単語や表現が出てくるたびにそれを引く」というやり方では「英文の量をこなすことは難しい」かもしれません。しかし、最初しばらくの間は多少頑張って、知らない単語や表現が出てくるたびに辞書を引いていくようにすれば、徐々に知らない単語も少なくなっていき、辞書を引かなければならない回数も減ってきます。

何事でも一番シンドイのは最初の時期です。その時期さえ乗り越えれば、あとはずっと楽になるものです。語彙の勉強についてもそれはまったく同じであり、知らない単語が出てきたときには必ず辞書を引くという習慣を是非つけていただきたいと思います。

そのように、辞書を引くという習慣がひとたび身につ

くと、今度は逆に知らない単語が出てきたとき、その意味を分からないままにしておくと何か気持ち悪くなり、辞書を引かずにはいられなくなります。その意味でも、辞書を引くという習慣は、語学の勉強においては、まさに一生ものとも言える非常に大切な習慣だと言えるでしょう。

† どんな辞書がいいのか

さて、ここまでは、語彙力増強にあたって辞書を引くことがいかに大切であるかということについて縷々書いてきましたが、ここからはもう少し具体的に、どんな辞書を使えばいいかということについて述べてみたいと思います。

英和辞典については、おそらく多くの方がすでに何らかのものをお持ちのことだと思います。もちろん、現在手持ちのものを使っていただいてもいいのですが、やはり中辞典程度のものをそばに置いていただきたいと思います。もしこれから本腰を入れて英語を勉強していこうという気持ちをお持ちの方で、まだ英和中辞典をお持ちでない方は是非購入していただきたいと思います。

こうした英和中辞典については、書店に行けば、『研究社新英和中辞典』（研究社）、『小学館プログレッシブ英和中辞典』（小学館）、『ジーニアス英和辞典』（大修館書店）、『ウィズダム英和辞典』（三省堂）など数多くの優れた中辞典が並べられています。これらの中辞典はどれも数千円するかなり高価なものですので、「元を取り返

してやる」ぐらいの意気込みでトコトン使い倒して下さい。

英語学習においては、とにかく一時期、辞書を引きまくることが絶対に必要です。そうした時期を経ずして語彙を増やしたり、英語に熟達することはできないということを是非忘れないでいただきたいのです。

また、辞書については、こうした紙の英和中辞典に加えて、ネット版の英和辞書も大いに活用していただきたいと思います。そのようなネット版の英和辞書については数多くあり、すでに使っていらっしゃる方もいるかもしれませんが、そんな中でも私がお勧めしたいのは「英辞郎 on the WEB」（アルク）です。

これは他のネット版英和辞書に比べても単語や熟語の収録数が多く、また訳語や補足説明も大変優れています。さらに、電子辞書などに比べても、文字が見やすく使い勝手がよくなっています。私も、英文を読んでいて、知らない単語や表現に出会ったときには、すぐに「英辞郎」で意味を調べるようにしています。

ただ、新聞や雑誌の記事には最新の言葉や表現だけでなく、口語やスラングのようなものも数多く出てきます。そうした最新の表現、口語、スラング等については、前記のような英和中辞典程度の辞書ではまったく歯が立ちません。また、そうした単語や表現についても比較的よく収録されている「英辞郎」でも、残念ながら役に立たないことが多いのです。

そうしたときに、最後の手段としてお世話になるのが

グーグル検索です。英和中辞典にも「英辞郎」にも収録されていないような単語や表現に出会った場合は、グーグルで「〇×△ meaning」と打ち込んで検索してみて下さい。

そうすると様々な検索結果が出てきますが、そんな中に、"Oxford Dictionary" "Cambridge Dictionary" "Merriam-Webster Dictionary" などといった有名な辞書のネットサイトにまじって、"Urban Dictionary" "Free Dictionary" "Wiktionary" などといったアメリカの口語系、スラング系のネットサイトが出てきます。

私のこれまでの経験でも、英和中辞典や「英辞郎」を使ってもまったく出てこず分からなかった単語や表現の意味が、こうしたネットサイトで初めて分かったということが数多くありました。

†シソーラスを活用する

それから、辞書に関して最後にもう一つお勧めしたいことがあります。それはシソーラス（thesaurus）を活用することです。シソーラスといってもあまり馴染みがないかもしれませんが、簡単に言ってしまえば、英語の同義語・反意語辞典のことです。

先にも多少触れましたが（第4章でも詳述します）、英語の大きな特徴の一つは同じ単語や表現の繰り返しを非常に嫌うということです。たとえば、新聞記者がある「困難な」状況や事件を目撃して、それを記事で表現しようとした場合、まず思い浮かぶ単語の一つは「困難

な」ということを意味する"hard"であろうと思います。

しかし、その困難な状況を描写するのに、同じ"hard"という単語ばかりを繰り返し使い続けたとしたら、読者はその新聞記者に対してどんな感じを抱くでしょうか。おそらく、読者はその新聞記者のことを語彙力の不足した表現力に乏しい人間だと感じるだろうと思います。

もちろん、これは何も新聞記者に限ったことではありません。文章を書く人すべてに当てはまることです。実際、アメリカでは、ジャーナリスト、作家、学者など文章を書くことを仕事にしている人たちはもちろんのこと、一般の人でも文章を書くときにはできるだけ同じ単語を繰り返さず、ほかの似た意味の単語や表現で言い換える努力をしています。なぜなら、アメリカでは語彙の豊富さが知性と教養の証しであり、語彙を豊富に使えない人は無教養な人と判断されるからです。

人からそんな無教養な人間であると思われないために、アメリカ人の多くが利用しているのがシソーラスなのです。たとえば、前記の"hard"という単語を私が愛用する"The Merriam-Webster Thesaurus"で調べてみますと、同義語（synonym）だけでも次のように17の単語が掲載されています。

arduous, demanding, difficult, exacting, formidable, grueling, herculean, killer, laborious, murderous, rough, severe, stiff, strenuous, tall, toilsome, tough

また、これらの同義語以外にも、"hard" の関連語（related words）として40以上もの単語が紹介されています。

　このように、シソーラスには様々な同義語や関連語、さらには反意語などが掲載されており、語彙力強化には不可欠な武器です。もちろん、初学者の段階からシソーラスを使うことは難しいでしょうが、一定の語彙力（一つの目安としては大学受験程度）がついてきたら、前記のような日本の辞書と併用しながら是非、積極的に活用していただきたいと思います。

† 単語ノートを作る

　語彙を増やす3つ目の方法は自分の単語ノートを作るということです。もっとも、そのように自分の単語ノートを作って単語を書き写していくことについては、時間ばかりかかって効率が悪いとして反対する英語教育関係者もいます。

　もちろん、時間をかけて単語ノートを作っても、作りっぱなしでそれを利用しないのであれば、たしかにそれは時間の無駄でしょう。しかし、それを手元に置いて常に見返すようにするならば、語彙力を増強する上で自分の作った単語ノートほど役に立つものはありません。

　実際、私自身の過去の経験から申し上げても、単語ノートを作ることは決して時間の無駄ではありません。時間対効果を考えれば、これほど有効な時間投資もないと思います。

　ただ、ここで注意していただきたいことがあります。

それは私が「単語帳」ではなく、「単語ノート」を作ることをお勧めしていることです。単語帳といえば、小さな細長いカードの表に単語を書き、その裏にその意味を書いた単語カードのことがすぐ思い浮かびますが、私がお勧めしているのはそうした単語カードではなく、普通のノートを単語帳として使うことです。

　では、なぜ昔からある単語カードではなく、単語ノートを作ることを皆さんにお勧めするのでしょうか。次ページの写真の通り、私は『ニューヨーク・タイムズ』、『ワシントン・ポスト』、『タイム』などの新聞や雑誌を読んでいて、自分の知らない英単語や熟語などが出てくると、必ずそれらの英単語や熟語が出てきた文章ごとノートに書き写すようにしています。しかし、残念ながら小さな単語カードでは何行にもなる文章を書き写すことができません。

　単語や熟語と一緒にそれが出てきた文章も書き写すのは手間がかかり、面倒だと感じるかもしれませんが、これだけは絶対にしていただきたいのです。というのも、一つの英単語にも様々な意味があり、同じ単語であっても文脈によって使われる意味が大きく違ってくるからです。

　また、単語というのは文章から切り離された形ではなかなか覚えられないものですが、それが文章の中で使われていると、より覚えやすくなるという利点があります。

　なお、ノートに単語と一緒に書き写す文章の長さについては、あまり長くなると書くのが嫌になってしまいま

文章ごと書き写した筆者の「単語ノート」

すので、私の場合は大体5〜6行程度というのを一つの目安にしています。

　ただここで、そうした英文を書き写すにあたって留意していただきたいことが一つあります。それは、一定の意味を成す部分を書き写すということです。あとでその英文を読み返したとき、何を言っているのかその内容がさっぱり理解できないようでは、あとあと読み返す気にもなりませんので、この点だけは是非注意していただきたいのです。

　それから、単語の意味については、その文章の中でどのような意味で使われているのかということを記載するようにしていただきたいと思います。前記の通り、一つの英単語には様々な意味があり、それらすべてを記載するとかえって混乱してしまいますので、その英文の中で使われている意味だけを単語ノートに記載するようにしていただきたいのです。

第3章　語彙力を強化する方法　091

おそらく、こうした単語ノートを作っていくと、すでにノートに書き写したのと同じ単語が違った意味で使われている英文に遭遇することがあると思います。そんな場合でも、そこで使われている意味だけを書くようにしていけば、同じ単語でも違った文章では違った意味で使われることがあるという多義語の重要性が理解できるようになります（多義語の重要性については後述します）。

　それから最後に、使用するノートについて一言述べておきたいと思います。前掲の写真の通り、私はコクヨのキャンパスノートを長年使っています。私の場合は1冊のノートの中にできるだけ多くの単語を書いていきたかったので100枚綴りの厚めのノートを使っていますが、こうした単語ノートを作るのが初めてで、単語ノートを使うことに多少不安を感じるような方は、最初はより枚数の少ないノートを使っていただければと思います。

　ただ、前述した通り、せっかく時間をかけて単語ノートを作っても、それを使わなければ何の意味もありませんので、単語ノートは常に手元に置いて、何度も何度も繰り返し読み返すように心がけていただきたいと思います。

†コロケーションで覚える

　単語を増やす4つ目の方法は、単語を一つ一つ単独のものとしてではなく、単語が連なった一つのかたまり、いわゆる「コロケーション」として覚えるということです。

第1章でも多少触れましたように、コロケーションというのは単語と単語の間の自然な繋がりのことです。たとえば、前述の通り日本語では、「碁を打つ」「将棋を指す」とは言っても、「碁を指す」「将棋を打つ」とは言いません。これと同じように、英語では、"catch a cold"（風邪を引く）と言っても、"pull a cold"とは決して言いません。このように、言語によって、単語と単語の間には自然な形で結びつくものと、そうでないものとがあるのです。

　「風邪」は「引く」ものであるという日本語の発想から、つい"pull a cold"と言ってしまいそうですが、残念ながら、それではまったく通じません。あくまでも、英語では"cold"は"catch"するものであって、"pull"するものではないのです。これは理屈ではなく、英語ではそういう言い方をするものだと諦めて覚えるしかありません。

　では、こうした単語と単語のコロケーションにはどんなものがあるのでしょうか。

　思いついたままに、少し具体例を挙げてみましょう。

○動詞＋名詞

answer the phone/bridge the gap/call a meeting/clear the table/conduct an interview/consult a dictionary/contract a disease/do the dishes/earn a reputation/hold a meeting/close a deal/commit a crime/give a presentation/hang up the phone/make a mistake/make an effort/make a noise/make a promise/make a profit/make a wish/meet a requirement/keep a diary/

perform surgery/place an order/practice law/put on weight/raise a child/raise money/run a store/run a fever/run a risk/run an ad/set off fireworks/take a shower/throw a party

○形容詞+名詞

heavy rain/heavy traffic/large population/sound sleep/long nose/excruciating pain/quick shower/quick meal/fast food/fast train

○副詞+形容詞

conveniently located/fully aware/richly decorated/utterly stupid/critically ill/easily moved/happily married/highly esteemed/highly convincing/moderately priced/thoroughly tired

　以上のようなコロケーションの中には、皆さんがすでによくご存知のものもあれば、これまでまったく聞いたことがないというものもあると思います。そのような皆さんが初めて聞くコロケーションの一つに、「動詞＋名詞」の最後に挙げた"throw a party"という言い方があるのではないでしょうか。

　パーティーを"throw"（投げる）するとはいったいどういう意味なのかと不思議に思われた方もいらっしゃるかと思いますが、実はこれは「パーティーを開催する」という意味なのです。日本語の発想では、こういう言い方は到底想像がつきませんが、英語のネイティブ・スピーカーの発想では、パーティーというのは"throw"するものなのです。

もちろん、「パーティーを開催する」という意味では、"hold a party" という言い方も可能です。しかし、この言い方には多少形式ばった感じがあるため、気の置けない友人知人たちを招いたりするようなちょっとしたパーティーを開く場合には、"throw a party" という言い方の方が好まれます。

　このように、英語の単語と単語の間には一種の相性のようなものがあり、相性の悪い単語を結びつけるとネイティブ・スピーカーの耳には不自然に聞こえてしまいます。そのようにならないためにも、英単語はできるだけコロケーションで覚えるようにしていただきたいと思います。

†語彙力をつけるための具体的勉強法

　さて、これまでは語彙力をつけるための勉強で心得ておくべき一般的な心構えのようなものについて述べてきました。具体的には、①多読する、②辞書をトコトン使う、③単語ノートを作る、④コロケーションで覚える、という4つのことでした。

　これら4つのことを常に心がけながら地道に弛まず勉強を続けていけば、必ずや語彙力もつき、本書が目標とする『ニューヨーク・タイムズ』や『タイム』レベルの英文も辞書なしで読んでいくことができるようになります。

　前記の通り、これまでは語彙力をつけるための一般的な心構えのようなものについて述べてきました。ここか

らはもう少し踏み込んで、具体的にどのような教材を使って勉強していけば、さらに語彙力をつけることができるのかということについて述べてみたいと思います。

なお、文法力と同様に、語彙力についても非常に個人差がありますので、現時点における自分の語彙力を冷静に判断した上で、それに合わせた勉強法を採用していくことが大切です。

そこで、以下では、皆さんの現在の語彙力に合わせて、特に中級者用と上級者用の語彙力増強法について述べてみたいと思います。

†中級者向け勉強法

本書で中級者クラスの語彙力と想定しているのは、英検で言えば、英検2級から準1級程度の語彙力を有していることです。特に英検準1級クラスになると、相当難しい単語も出てくるようになっていますので、ここまでの語彙力を身につけることはなかなか大変です。

しかし、いったんこの程度の語彙力を身につけますと、まだ『ニューヨーク・タイムズ』や『タイム』レベルの英文を辞書なしで読むことは難しいにしても、後述するような『The Japan Times Alpha』(旧『The Japan Times ST』)に掲載されている記事などは、それほど苦労せずに読んでいけるようになります。

では、このレベルの語彙力を身につけるためには、どんな教材を使って、どんな勉強をしていけばよいのでしょうか。

まず教材についてお勧めしたいのは、英検準1級と英検2級の『でる順パス単』(旺文社)と、同じく準1級と2級の『文で覚える単熟語』(旺文社)です。『でる順パス単』については、各単語の主要な意味だけでなく、発音記号、同義語、類義語、派生語などもしっかり書かれています。さらに、その単語を使ったコンパクトな例文も記載されており、学習者にとって非常に使いやすくまとめられています。

　また、『文で覚える単熟語』については、『でる順パス単』と同じく、意味、発音記号、同義語、類義語、派生語などもしっかり書かれているだけでなく、実際の文章の中で単語や熟語が覚えられるように工夫されています。『文で覚える単熟語』という書名からも窺えるように、この本の最大の特徴は実際の文章の中で多様な単語と熟語を覚えられるように工夫されていることで、掲載されている文章のテーマも、「自然・環境」「医療・テクノロジー」「文化・歴史」「教育・心理」「社会・ビジネス」など非常に多岐にわたっています。

　それから、『単語王2202』(オー・メソッド出版)も是非お勧めしたい単語本の一つです。これは基本的には大学受験用に編集されたものですが、大学受験とは関係ない一般人やビジネスマンの語彙力増強にも非常に役に立つ素晴らしい英単語本です。

　前掲の『でる順パス単』と同じく、『単語王2202』も各単語の意味、発音記号、同義語、派生語などについて非常に丁寧かつ親切に記載されているだけでなく、例文

もその単語の使われ方がよく分かるように厳選されています。

これらのほかにも、まだまだ素晴らしい単語本はたくさんありますが、前述の単語本に加えて紹介しておきたいのは『鉄緑会　東大英単語熟語　鉄壁』（角川学芸出版）と『DUO 3.0』（アイシービー）の2つです。これらも基本的には大学受験用の単語本ですが、どちらも一般人やビジネスマンにも是非一度手にとってもらいたい単語本です。

『東大英単語熟語』は接頭辞、接尾辞、単語のイメージ、派生語などの解説が非常に丁寧で、順を追って進めて行けば効率的に単語が覚えられるように工夫されています。また、『DUO 3.0』については、他の単語本とは違って、まず短い例文を示し、その中にこれから覚えていく単語をちりばめ、それらについて一つずつ、意味、発音、同義語、反意語などを丁寧に解説していくという形式をとっています。前述の通り、例文は短く覚えやすくなっていますので、これら例文を覚えることによって単語がより確実に身につくようになっています。

以上、皆さんにお勧めしたい単語本をいくつか紹介しましたが、どれも英語学習者の身になって工夫された大変素晴らしい単語本です。しかし、こうした単語本などの教材については個人の好き嫌いがありますので、是非一度書店に行って、これなら自分の好みに合いそうだと思うものを選んでいただきたいと思います。

言うまでもないことですが、単語を覚えるには時間が

かかります。今紹介したような単語本がいかに素晴らしいからといって、それを1回や2回通読しただけではなかなか覚えられないものです。

とにかく、自分が選んだ単語本にある単語はほぼ覚えたと言えるまで、覚えられない単語を中心に何度でも繰り返して読んで下さい。残念ですが、英語のような外国語の単語を覚えるためには、何度も何度も読み返してその単語に触れる機会（エクスポージャー）をできるだけ増やしていくしかないのです。

† 『The Japan Times Alpha』を読む

さて、ここまでは中級者レベルの方に適当と思われる単語本をいくつか紹介させていただきましたが、ここで単語本以外の語彙増強法についても紹介しておきましょう。それは、先にも少し触れましたが、『The Japan Times Alpha』（旧『The Japan Times ST』）を読むということです。

何度も書いていますように、本書の目的は、皆さんが『ニューヨーク・タイムズ』や『タイム』などの欧米の一流新聞や雑誌を辞書なしで読めるレベルの力をつけるお手伝いをすることです。しかし、残念ながら、中級レベルの語彙力でいきなり『ニューヨーク・タイムズ』や『タイム』に挑戦しても歯が立ちません。

また、『ニューヨーク・タイムズ』や『タイム』ほど難易度は高くありませんが、中級レベルの語彙力で『ジャパン・タイムズ』本紙を読むことも容易なことではありません。そこでお勧めしたいのが、『ニューヨーク・

タイムズ』や『ジャパン・タイムズ』に本格的に挑戦する前に、『The Japan Times Alpha』で英語新聞記事の表現の仕方や、そこでよく出てくる語彙などについて予行演習をしておくことです。

英字新聞と聞くと少し腰が引けてしまう方もいらっしゃるかもしれませんが、ご安心下さい。『The Japan Times Alpha』の場合は、『ジャパン・タイムズ』本紙や『ニューヨーク・タイムズ』などの記事に比べると文章も短く、しかも、そこで使われている単語や表現の難易度も低めに抑えられています。

また、少し難しそうな単語や熟語については、意味について丁寧な解説がついていますし、そのウェブサイトには記事の全訳も掲載されていますので、自分がどれだけ理解できているか確認することができます。

さらに、これは発行が1週間に1度ですので、慌てず比較的余裕をもって読み進めていくことができますし、掲載される記事の内容についても、その週に日本や世界で起こった主要な出来事や世界の最新トレンド、さらには、映画や健康など幅広い話題についての興味深い記事が満載されています。

私自身も大学生時代にこれを購読して（当時は『スチューデント・タイムズ』と呼ばれていたように記憶しています）、大変勉強になった思い出があります。英字新聞や雑誌などの時事英語で使われる単語や表現には一種独特のものがあり、それに慣れるためには予行演習が必要です。そうした予行演習用の教材として、『The Japan Times

Alpha』は大変役に立ちます。

†標準的な英語で書かれた本を読む

それから最後に、中級レベルの方が語彙力を増強するためにもう一つお勧めしたいことがあります。それは、比較的やさしい標準的な英語で書かれた本を読むことです。本章の冒頭でも述べたことですが、語彙を増やす最良の方法は英文を多読することです。

どんな英文でもいいので、とにかくできるだけ多くの英文を読むことです。語彙を増やすために英文を多読するというのは、一見遠回りに見えるかもしれませんが、実はこれが一番の近道なのです。

では、どんな本を読めばいいのでしょうか。そうした本として皆さんにお勧めしたい本が2冊あります。まずお勧めしたいのは、デール・カーネギーの*"How To Win Friends And Influence People"*という本です。ご存知の方も多いと思いますが、この本は『人を動かす』という書名で日本語にも訳されている自己啓発本の名著です。

本書がアメリカで最初に出版されたのは1936年と今から80年以上も前のことです。しかし、本書が説く「人の立場に身を置く」、「相手に誠実な関心を寄せる」、「心からほめる」、「名前を覚える」、「議論を避ける」などといったことは、出版から80年以上たった今でも、人間関係の要諦を説いたものとして光り輝いています（なお、本書については、拙著『自己啓発の名著30』〔ちくま新書〕でも取り上げていますので、参考にしていただけれ

ば幸いです)。

このように、本書は人間関係について大変参考になることが書かれた素晴らしい本ですが、本書の最も素晴らしいところは、それが非常に平易で分かりやすい英語で書かれていることです。

私がこの本のペーパーバックを読んだのは大学3年生のときで、そのころの私の語彙力はまさに中級レベルでしたが、少なくともこの本で使われている語彙については特に大きな問題を感じることはありませんでした。また、英語表現にしても非常に標準的できれいな英語で書かれており、まさに日本人がお手本とすべき教科書的な英語だと言えます。

語彙力を高めるために皆さんにお勧めしたいもう一つの本は、チャールズ・ウェブの *"The Graduate"* という本です。この本はダスティン・ホフマンとキャサリン・ロスが主演した有名な映画『卒業』の原作となった小説です。

この映画の最後には、ほかの男性と教会で結婚式を挙げていたキャサリン・ロス演じるエレーンを、ダスティン・ホフマン演じるベンジャミンが教会から奪って逃げるという有名なシーンがあり、皆さんの中にも覚えていらっしゃる方がいるのではないでしょうか。

そんな映画の原作となったのが *"The Graduate"* なのですが、これが中級レベルの語彙力の方でも十分読めるぐらいに分かりやすい英語で書かれているのです。私がこれを読んだのは大学2年生のときで、前記 *"How To Win*

Friends And Influence People" を読む前のことでした。そのころの私はまだ中級前半ぐらいの語彙力しかなかったと思いますが、それでもあまり苦労せず読了することができました。

このようにあまり難しい単語を使わずに、分かりやすい英語で書かれた本を読むことは英語を読む楽しさを教えてくれます。また、こうした本を読了することは、英語を読むことに対する大きな自信を与えてくれます。

そうした自信が芽生えてくると、また次の本を探して読みたくなってくるものです。そして、それらの新しい本を次々読んでいくうちに自然に語彙力も増強されていきますので、より高度な語彙力を必要とするような本も次第に読めるようになっていきます。

これらの洋書のペーパーバックはアマゾンなどで簡単に入手できますので、騙されたと思って是非一度挑戦してみて下さい（もしこれらの本に挑戦してみて、それでも自分にはまだ単語が難しいと感じられる場合には、まだ自分は中級レベルの語彙力を身につけていないと考えて、もう一度前記の単語本などを勉強し直して下さい）。

†上級者向け勉強法

さて、中級レベルの段階の勉強も順調に進みほぼ終わりに近づけば、時事英語にもかなり慣れ、相当高度な英文に出てくるような単語や熟語についても、その7〜8割は理解できるようになっているはずです。

しかし、残念ながら、まだこの段階では『ニューヨー

ク・タイムズ』や『タイム』などの記事を辞書なしでスラスラ読めるようにはなっていません。これら欧米の一流新聞や雑誌の記事が読めるようになるためには、もう少し語彙力を強化する必要があります。

では、上級レベルの語彙力を身につけるにはどんな教材を使っていけばいいのでしょうか。これについて私がまずお勧めしたいのは、中級レベルでお勧めしたのと同じく英検用の単語本を使うことです。

もちろん、上級レベルですから英検1級用の『英検1級　でる順パス単』と『英検1級　文で覚える単熟語』（ともに旺文社）を使っていただきたいと思います。また、同じシリーズの中には、『英検1級　語彙・イディオム問題500』という問題集もありますので、これも併せて使えば現在の自分の語彙力を確認することができます。

また、英検1級用の単語教材としては、『英検1級　単熟語EX』（ジャパン・タイムズ）という単語本も出ていますが、これもお勧めです。これらのほかにも、『速読速聴・英単語 Advanced 1100 ver. 4』（Z会）なども上級者用単語本としてお勧めできます。

さらに、もっと上級の語彙力を身につけたいという方には、『発信型英語　10000語レベルスーパーボキャブラリービルディング』（ベレ出版）、『究極の英単語　上級の3000語』、『究極の英単語　超上級の3000語』（ともにアルク）などといった単語本もあります。

こうした単語本にはそれぞれ特徴がありますので、書店で直接手にとって自分の目で見て、気に入ったものを

選んで下さい。

　さて、これらの単語本をマスターすれば、一応欧米の主要紙や雑誌に出てくる一般的な単語については、ほぼ心配ないレベルの語彙力に達していると言えます。しかし、残念ながら、これだけ高度な語彙力に達したとしても、まだそれらを十分読みこなすことはできません。では、いったい何が問題なのでしょうか。

　語彙力に関してここで問題になってくるのは、政治（国際政治を含む）や経済などを中心とした時事英語には時事英語特有の単語や表現が数多くあり、それを覚える必要があるということです。

　一般的な語彙力は上級レベルに達したとしても、時事英語特有の単語や表現というのは一般の英文に出てくるような単語や表現とはまったく違います。それらについては、やはり別に覚えなければなりません。

　また、時事英語というのは政治や経済など時々刻々と変化する社会の様々な出来事をそのまま反映するものですから、そうした出来事を表現する新しい単語や表現が次から次へと作り出されていきます。

　さらには、時事英語には、まだ日本の英和辞書にも載っていないような最新の口語表現やスラングなども頻繁に出てきます。そうした時事英語特有の語彙を身につけていくのが、この段階の勉強なのです。

　では、そうした時事英語特有の単語や表現はどのようにして身につけていけばいいのでしょうか。ご安心下さい。そのような時事英語に関する単語本も、数はそれほ

ど多くありませんが紹介できるものが何冊かあります。

具体的には、『ニュース英語パワーボキャビル4000語』、『ニュース英語究極単語10000』（ともに語研）、『ニュース英語が本当に解るボキャブラリー』（アルク）などです。これらは時事英語に出てくる単語に特化したものですので、実際に欧米の主要紙や雑誌を読む前には是非一度目を通しておいていただきたいと思います。

† 『ジャパン・タイムズ』を読む

このようにして、一応単語本で時事英語特有の単語について勉強したあとは、いよいよ実際に英字新聞や雑誌を読んでいく段階に入ります。しかし、じらすようで大変申し訳ないのですが、『ニューヨーク・タイムズ』や『タイム』のような本格的な欧米の新聞、雑誌に挑戦するのはもう少し待って下さい。

それらに挑戦する前に、皆さんには是非『ジャパン・タイムズ』本紙を読んでいただきたいのです。もちろん、『ジャパン・タイムズ』ではなく、『朝日新聞』、『読売新聞』、『毎日新聞』、『日本経済新聞』などの日本の新聞の英語版を読んでいただいても結構です。

こうした日本の新聞の英語版は、使われている英語も大変標準的で、欧米の新聞や雑誌記事でよく使われるような口語やスラングはあまり使われていませんので、癖のない標準的な時事英語を学ぶという点では、まさに打ってつけの教材だと言えるでしょう。

また、記事の内容についても、日本の新聞に掲載され

ているようなニュースが比較的多くなっています。そのため、多少知らない英語が出てきたとしても、ある程度想像力を働かせることができますので、それだけ理解しやすくなります。

このように、『ジャパン・タイムズ』などの日本の英字新聞は、欧米の主要紙や雑誌を読む前の練習としては最高の教材です。どれもネットで簡単に読むことができますので、上級者向けの教材として是非お読みになることをお勧めしたいと思います。

私自身も学生時代の後半から社会人になったころに、まず『ジャパン・タイムズ』を一定期間継続して読み、それによって時事英語特有の単語や表現の仕方を覚えていきました。もちろん、自分が興味を感じるものであれば、どんな記事を読んでいただいてもいいのですが、私の場合は特に『ジャパン・タイムズ』の社説を必ず毎日読むようにしました。

社説というのは、日本国内の事件や出来事だけでなく世界中の出来事を取り上げています。また、取り上げる分野についても政治や経済のみならず、医療、福祉、教育、文化、スポーツなど社会のあらゆる側面を取り扱っていますので、幅広い時事英語の単語を勉強するのに最適の教材です。

特に『ジャパン・タイムズ』については、『The Japan Times 社説集』（ジャパン・タイムズ）という半年間の社説を集めた本が別に発売されています。これには社説の日本語訳はもちろんのこと、社説の中の難しい単語や語

句についても丁寧に説明されていますので、辞書なしでもそれなりに読み進めていくことができます。

いずれにせよ、こうした日本の英字新聞の社説が辞書なしにスラスラ読めるようになってくると、欧米の主要紙や雑誌の記事を読む準備も一応整ったと言えるでしょう。

† グーグル検索を活用する

さて、ここまでの段階になれば、あとはとにかくドンドン読んでいけばいいのですが、ここで留意しておくべきことがあります。それは、前項でも述べた通り、皆さんがこれまで読んできた『ジャパン・タイムズ』など日本の英字新聞に出てくる単語や表現と、欧米の主要紙や雑誌に出てくる単語や表現との間には質的に大きな違いがあるということです。

もっとも、質的な違いがあるといっても、どちらの英語の方が高級であるとかというような話ではありません。どちらの英語も、上級レベルの方にも大変参考になる素晴らしい英語です。

私がいう違いというのは、使われている単語や表現の種類に違いがあるということです。具体的には、『ジャパン・タイムズ』のような日本の英字新聞で使われている単語や表現は、基本的には辞書を引けばすぐその意味が分かるようなものがほとんどです。

それに比べると、『ニューヨーク・タイムズ』や『タイム』など欧米の主要紙や雑誌に出てくる単語や表現に

は最新の口語やスラングが多用されるなど、相当"ひねくれて"います。そんな最新の口語やスラングについては、いくら前記のような日本の英和中辞典（おそらく大辞典でも）を引いたとしても出ていません。

　野球の投球にたとえれば、『ジャパン・タイムズ』のような日本の英字新聞で使われている単語や表現は直球ばかりで、変化球などあまりクセ球はありません。まさに教科書的英語です。それに比べると、欧米の主要紙や雑誌で使われている単語や表現というのは直球が少なく、カーブ、スライダー、チェンジアップなどクセ球が非常に多く出てきます。

　前記の通り、こうしたクセ球については日本の普通の辞書（アルクの「英辞郎」でも）を引いても出てきません。そんな場合に最も役に立つのが前述したグーグル検索なのです。グーグルで「○×△ meaning」と意味の分からない単語や表現を入れて検索すれば、"Urban Dictionary" "Free Dictionary" "Wiktionary" などといった最新流行の単語やスラングについての情報を掲載しているページがヒットしてきます。

　たとえば、トランプ政権の首席補佐官を一時務めたラインス・プリーバスが、大統領選挙中にトランプ陣営の関係者がロシア政府の関係者とトランプタワーで会っていたことに対して、テレビで次のような発言をしたことがあります。

　　On Sunday morning on Fox News, the White House

chief of staff, Reince Priebus, described the Trump Tower meeting as a "big nothing burger."（*The New York Times*, 2017/7/9）

　上級レベルの方にとっては、英文自体は難しいものではないと思いますが、そんな方でもこの文末に出てくる"nothing burger"という表現についてはご存知ない方のほうが多いのではないでしょうか。
　実際、これはここ数年の間に目立って使われるようになった表現で、日本の英和中辞典、大辞典にも掲載されていないだけでなく、新しい単語や表現について比較的よく拾っているアルクの「英辞郎」にも出てきません。
　そんな場合に役立つのがグーグル検索なのです。これで検索すると、"Urban Dictionary"と"Wiktionary"に、"nothing burger"の意味として次のように書かれているのが見つかります。

（1）Urban Dictionary
something lame, dead-end, a dud, insignificant; especially something with high expectations that turns out to be average, pathetic, or overhyped.

（2）Wiktionary
1）Something of less importance than its treatment suggests.
2）A person or object that is bland or unremarkable in ap-

pearance or impact.

　これらの定義からも分かるように、"nothing burger"（"nothingburger"とも書きます）というのは「取るにたらないもの」「大したことではない」という意味なのですが、アメリカ人は最近この単語を非常によく使います。
　このような単語は決して難しいものではなく、いわばスラングとも言えるものです。
　しかし、こうしたスラングのような単語は、日本の英和辞書にはなかなか掲載されないため日本人にはその意味がよく分からないのですが、『ニューヨーク・タイムズ』や『タイム』のようなアメリカの新聞や雑誌には頻繁に出てきます。
　いわゆる「ビッグ・ワード」と呼ばれる難解語については、少なくとも辞書を調べればその意味はすぐ分かります。しかし、こうした最新のスラングや口語については、普通の辞書には載っていないだけに「ビッグ・ワード」以上に厄介です。
　こうした日本の普通の英和辞書には載っていない単語や表現を一つずつきちんと覚えていくためには、多少面倒ではありますが、先にご紹介したように、単語ノートを作って、自分の知らない単語が出てきたら、その単語が出ている文章と一緒に書き写していくことが（パソコンを利用しても結構ですが）大切です。
　前掲の写真にもありますように、私自身も昔から英単語と英熟語用の２冊のノートを作って、自分の知らない

単語や熟語に出会うたびに、せっせとノートに書き写してきました。こうして書き写してきた単語や熟語が今ではそれぞれ500以上になっていますが、これらの単語や熟語は自分がその意味を知らなかったものであるだけに、繰り返し読み返してしっかり覚えるようにしています。

†多義語の重要性

　最後にもう一つだけ、上級レベルの方の語彙力増強について述べさせていただきたいと思います。それは、英単語には一つの意味だけでなく、様々な意味があるということです。

　こうした単語は「多義語」と呼ばれますが、実際、英単語の中にはこうした多義語が非常に多いのです。

　皆さんも身に沁みてお感じになっていると思いますが、英単語を覚えるというのは生易しいことではなく、本当に苦労させられます。そうした苦労を少しでも軽減するため、これまで日本の学校英語や受験英語では、Aという単語はBという意味であるとして英単語と日本語の意味を一対一で対応させて覚えさせようとしてきました。

　こうした単語の覚え方はたしかに効率的であり、英語学習の一つの段階としてはそれなりに有意義なものだと思います。しかしながら、日本人の場合は、こうした学校教育や受験勉強の影響が大きいためか、「英単語A＝日本語の意味B」という単語と意味の一対一対応に関する刷り込みが強すぎるところがあります。

そのため、英文を読んでいても、英単語AにB以外の意味があるということに思いが至らず、そこで頓挫してしまい、それ以上読み進めなくなってしまうというケースが往々にしてあります。

　実際、欧米の一流紙や雑誌の記事にはこうした多義語が頻出しており、多義語の知識なくしてはまともに読めないと言っても過言ではありません。

　では、そうした英語の多義語にはどのようなものがあるのでしょうか。紙幅の関係から、ここではそうした多義語をあまりたくさんご紹介することはできませんが、その代表的なものをいくつかご紹介しておきたいと思います。

　最初にご紹介するのは、"address"という単語です。この単語については、名詞としては「住所」、また、動詞としては「演説する」、「講演する」などといった意味で記憶されている方が多いのではないかと思います。もちろん、そうした意味でも使われるのですが、英字新聞や雑誌では下記のように、「問題などに対処する、取り組む」という意味で使われる方が遥かに多いのです。

　"We hope that through this report, our community can address the issue of adult sexual misconduct in a frank and direct manner," the letter said. (*The New York Times*, 2017/4/14)

　（「この報告書を通して、私たちの地域社会が大人の性的犯罪について率直かつ真正面から取り組むこ

とができるようになることを望む」とその手紙には書かれてあった）

　こうした多義語として次に紹介したいのは"negotiate"という単語です。"negotiate"という単語については「交渉する」という意味で覚えておられる方が多いと思います。もちろん、そのような理解で間違ってはいません。しかし、"negotiate"＝「交渉する」という一対一の図式で覚えていると、英文が理解できないことがしばしばあるのです。

　では、"negotiate"は「交渉する」という一般的に知られた意味以外に、どのような意味があるのでしょうか。実は、"negotiate"には「交渉する」という意味以外に、「〜をうまく切り抜ける」という重要な第二の意味があるのです。下記用例のように、欧米の新聞や雑誌においては、"negotiate"がこのような意味で使われることが非常に多いのです。

"Conservative students have to learn how to negotiate through their school's bureaucracy, which is often put in place to prevent or control student events", Mr. Robinson said in an email.（*The New York Times*, 2017/5/20）
（「大学には学生イベントの開催を防いだり管理したりするための手続きというものがしばしばあり、保守派の学生たちもそうした手続きをうまく切り抜ける方法を学ぶ必要がある」と、ロビンソン氏はE

メールで返答した）

　こうした多義語の例として、最後にもう一つ紹介しておきましょう。それは"produce"という単語です。これについては、通常「生産する」とか、「作る」という意味で覚えておられる方が多いかと思います。しかし、欧米の新聞や雑誌では、"produce"は「生産する」という意味ではなく、「提示する」という意味で使われることがしばしばあるのです。

　少し長くなり恐縮ですが、"produce"が「提示する」という意味で使われている用例を下記に示しましょう。下記用例の最初の方にある"no evidence ... was ever produced"で、「どんな証拠も提示されたことがなかった」という意味になるのです。

> The difference now is that while no evidence of weapons of mass destruction in Iraq was ever produced, Kim Jong Un has repeatedly demonstrated his country does possess sophisticated nuclear devices and the means to deliver them to Hawaii, Guam, Alaska and allies including South Korea and Japan, if not to the continental U.S. itself.（U.S. News & World Report, 2017/9/4）
> （イラクと北朝鮮の違いは、イラクの場合は大量破壊兵器が存在する証拠が一度も提示されたことがなかったのに対し、北朝鮮のキム・ジョンウンの場合はこれまでに何度も自国が高度な核兵器とその運

搬手段を有し、それによって米国本土ではないにしてもハワイ、グアム、アラスカ、さらには韓国や日本のような同盟国も攻撃できることを具体的に示してきたのである）

　紙幅の都合で、ここでは多義語の動詞3つだけしか紹介できませんでしたが、これらのほかにも"buy"（買う→賛成する）、"betray"（裏切る→示す）、"arrest"（逮捕する→止める）など、皆さんがよくご存じの動詞にも多義語はたくさんあります。また、動詞のほかにも形容詞や名詞にも多義語は数多くあります。

　このように、多義語に関する知識は英語の語彙力を判定する極めて重要な要素であるにもかかわらず、残念ながら、これまで日本ではあまり取り上げられてきませんでした。真に英語の語彙力がある人というのは、必ずしも数多くの単語を知っている人のことではありません。一見簡単そうに見える単語にも様々な意味があることをしっかり認識している人こそ、真に英語の語彙力がある人と言うべきでしょう。

第 4 章

英語特有の「クセ」を理解する

† 英語の３つの「クセ」

　さて、これまでは、文法力や語彙力をどのようにして身につければいいのか、その具体的な勉強法について述べてきました。特に欧米の一流紙や雑誌レベルの英文を読みこなしていくためには、一定の文法力と語彙力を身につけていることが不可欠です。

　しかし、文法力と語彙力があっても、それだけでは十分ではありません。そうした高度な英文を読みこなしていくためには、英語が物事をどのような発想のもとにどのように捉え、またそれをどのような形で表現しようとするのか、ということについても理解しておく必要があります。

　それは英語という言語に特有の「クセ」とでも呼ぶべきものです。たとえば、日本語では文章でも会話でも主語をほとんど使わないという大きな「クセ」があるように、英語にもそうした英語表現特有の「クセ」がいくつかあります。

　では、そうした英語表現特有の「クセ」には、いったいどのようなものがあるのでしょうか。こうした「クセ」については第１章でも簡単に触れましたが、私はその主要なものとして、次のような３つの「クセ」があると考えています。

　①英語は名詞や名詞構文を偏愛する
　②英語は同じ単語や表現の繰り返しを嫌う

——言い換え（パラフレーズ）を好む
　　——同義語、類義語の発達
③英語の文章はあとから欠けた情報を追加していく

　本章では、こうした日本語とは違った英語表現特有の「クセ」について順次詳しく見ていくことにしたいと思います。なお、上記3つの「クセ」のうち②と③については、これまでの章の中でも多少説明しており、重複するところも出てくるかもしれませんが、本章ではそうした部分も含めてより詳しく見ていきたいと思います。

† 英語は名詞を偏愛する

　さて、そうした英語表現特有の「クセ」として最初に取り上げたいのは、英語が名詞や名詞構文を偏愛するということです。では、英語が名詞や名詞構文を偏愛するとは、具体的にはどういう意味なのでしょうか。

　たとえば、「山田氏はその技術を開発して名誉ある賞を獲得した」という日本語の文章を考えてみましょう。これは日本語としてはごく自然なものです。では、これを英語ではどのように表現するのでしょうか。

　もちろん、これを日本語的発想をもとにして、"Mr. Yamada won the prestigious prize by developing the technology." と表現することも可能であり、これで英語として十分に通じます。

　しかし、英語的発想からすれば、こうした表現よりも、"Mr. Yamada's development of the technology brought him the prestigious prize."という言い方をする方がより英語表現らしくなります。

つまり、日本語では「山田氏はその技術を開発して」と動詞中心の文章にする方がより自然に感じられるのに対して、その反対に、英語では「山田氏のその技術の開発は」というように名詞中心の文章にする方がより自然に感じられるという違いがあるわけです。

また、たとえばローンやクレジット・カードを申し込んだりするときには、所定の用紙（form）に必要事項を記入して提出しなければなりませんが、そんなとき、記入用紙と一緒に送られてくる手紙などには、次のような文言が記載されていることがあります。

　　　Failure to provide information requested may result in significant processing delays and/or the denial of your application.

この英文は、日本語では「求められた情報を記入していない場合は、申請手続きが大幅に遅れたり、場合によっては申請が却下されることもある」という意味になるのですが、表現としては名詞が中心になった非常に英語的なものになっています。

具体的に言いますと、日本語では「求められた情報を記入していない場合は」というように動詞を中心とした言い方になります。それに対して、英語ではそれを"Failure to provide information requested"（求められた情報の

記入をしないこと)という名詞句の形で主語とし、それを "result in"(〜という結果になる)という動詞で受けるという、まさに典型的な名詞偏愛型の英語表現になっているわけです。

もう一つ例を挙げておきましょう。これは、安西徹雄氏の名著『英語の発想』(ちくま学芸文庫)の冒頭に出てくる話ですが、動物学者のコンラート・ローレンツが書いた『ソロモンの指環』の中に出てくる次のような英語的な文章を、どのようにして自然な日本語に翻訳したらよいかということについて書いたものです。

> In the study of the behavior of the higher animals, very funny situations are apt to arise, but it is inevitably the observer, and not the animal, that plays the comical part.

「英語は名詞中心、日本語は動詞中心」という観点から見たとき、安西氏が取り上げているローレンツのこの文章で注目すべきは、"In the study of the behavior of the higher animals" という最初の部分です。

では、この部分をどのように翻訳すれば動詞が中心である日本語として自然な文章になるのでしょうか。これについて、安西氏は次のように素晴らしい解説をしています。

> この英語を改めてよく読みなおしてみると、'study' という名詞の中には、実は「研究する」とい

う、動詞の観念がふくまれていることに気がつくのではあるまいか。そして、一度これを「研究する」と理解すれば、次の 'of' 以下は、この「研究する」の目的語に当たる内容を表わしていることにも気がついてくると思う。つまり、「高等動物の行動を」研究するのである。

だとすると、'In the study' という句としてはどう考えればいいのだろうか。「研究する」という動詞として理解すれば、これはつまり、「研究していると」という、副詞節に相当する表現だと考えることができそうである。

それなら、いったい誰が「研究する」というのか、この動詞の主語も考えてやらなければならないだろう。けれどもこの場合、別に特定の誰かをさしているのではなさそうだ。一般に「われわれが」と想定して差し支えないと思う。

こうして結局、'study' という名詞をただ名詞と捉えるのではなく、一度動詞に読みほどいてみると、冒頭の副詞句は──

When we study (*or* are studying) the behavior of the higher animals, ...

という、副詞節に相当するということが理解できる。そして、一度こう読みほどいた上で、これを改めて日本語に訳してみると──「われわれが高等動物の行動を研究していると……」といった訳が出てくる。

けれども、この訳文をもう一度読みなおしてみると、「われわれ」という主語を強いて表に出す必要はなさそうだ。そこで結局──
「高等動物の行動を研究していると……」
訳文をいじくり回すのは一応これくらいにしておいて、さてこれを最初に挙げた「直訳」と比較してみていただきたい。
「高等動物の行動の研究において……」
はたしてどちらが日本語としてより自然か、少なくとも、どちらが一読してスラスラ頭に入ってくるか、改めて指摘するまでもあるまいと思う。

以上見てきたような事例からも、日本語は動詞を中心とした言語である一方、英語は名詞を偏愛する言語であることがご理解いただけるのではないかと思います。実際、こうした名詞偏愛型の英文は欧米の主要紙や雑誌の記事には非常に多く見られます。

たとえば、次の『タイム』の記事（2017年8月12日）などはその典型的なものの一つと言えるでしょう。これは2017年8月にバージニア州のシャーロッツビルで白人至上主義者やネオナチの連中が黒人やユダヤ人排斥を叫んでデモ行進をしたとき、その際にトランプ大統領が明確な形で彼らを批判しなかったため、多くのアメリカ国民から非難されたという記事です。

Trump's decision to refrain from specifically calling

out the racist elements of the protest recalled a pattern that had long followed his rise as a political leader.

（抗議デモをした連中の中に人種差別主義者がいたことをトランプは特に取り上げて批判しなかったが、このことはトランプが政治指導者として伸びてきたこれまでの長い期間にわたって見られた一つのパターンを思い起こさせた）

　記事の中身は別として、この記事の英語について見ると、その文頭から "Trump's decision to refrain from specifically calling out the racist elements of the protest" と名詞句の形をとってそれを主語とするなど、まさにこれも典型的な名詞偏愛型英文であることが分かります（ちなみに、"call out" というのは「批判する」という意味で、時事英語では非常によく出てくる句動詞です）。

　このように英語の文章が名詞偏愛型になっていることをその根底で支えているのは、人間であろうと無生物であろうと動作主が、動作の対象（人間でも無生物でも）に対して何らかの働きかけを行うという英語の世界観とも呼ぶべき基本的な発想です。

　実際、前掲の文章について見ても、"Trump's decision to refrain from specifically calling out the racist elements of the protest" という主語にあたる動作主（S）が、"a pattern that had long followed his rise as a political leader" という動作の対象になる目的語（O）に対して、"recalled" という他動詞（V）によって働きかけていることが分かります。

第2章でも、英文法の4つのツボの1つとして、「何が・どうする・何を」ということを取り上げ、それがいかに英文を理解する上で重要であるかということについて述べました。ここで見た「動作主（S）」が「他動詞（V）」によって「目的語（O）」に働きかけるという英文の基本的な型は、まさにそのことを意味しているのです。
　このように、「動作主＋他動詞＋目的語」というのは英語における基本的な物事の捉え方であると言えます。こうした英語の物事の捉え方に関して、安西氏は前掲書の中で日本語と対比させて、次のような大変洞察に満ちた論を述べています。

　　ところで「動作主＋他動詞＋目的語」という構文は、すでに前にも触れたとおり、英語で特に好まれる表現の形式である。このことは、われわれが今まで見てきた例──なかんずく『千羽鶴』や『少将滋幹の母』の英訳などからしても、やはり確かなことのように思える。日本語では、「動作」というような能動的な要素は影も形もない場合でも、英訳では好んでこの「動作主＋他動詞」という構文が使われていたからである。そして実際、われわれが〈もの〉的、〈こと〉的という対比を通じて達した一応の結論も、日本語は情況全体を〈こと〉としてまるごと捉えようとするのにたいして、英語の発想ではそこに〈もの〉を析出し、その〈もの〉が、もう一つの〈もの〉に働きかけるという、まさしく「動作

主＋他動詞＋目的語」の構文にまとめあげるのにふさわしい捉え方をするということだった。

　ということは、つまり、日本語は、情況がおのずからそう「なる」といった捉え方をするのにたいして、英語では、〈もの〉が他の〈もの〉をある新しい状態に「する」という捉え方をする、といいかえることもできるのではないか。

†英語は同じ単語や表現の繰り返しを嫌う

　英語の重要な「クセ」として2番目に取り上げたいのは、英語は同じ単語や表現の繰り返しを非常に嫌う言語であるということです。逆に言えば、同じ単語や表現を何度も繰り返さず、それを別の単語や表現に言い換えることを大変好む言語であるということです。

　これについては、すでに第1章でも実例を挙げて少し説明させていただきましたが、ここではより多くの実例をもとに、同じ単語や表現の繰り返しを嫌うといっても、そこには様々なバリエーションがあることを示したいと思います。

†動詞の言い換え

　まず、そうした言い換えとして最も多く見られるのは、同じ単語を使わず、別の単語を使うというものです。たとえば、株価がどのように推移したかを伝える次の記事などは、その典型的なものの一つです。

The Dow Jones Industrial Average <u>rose</u> 66.02 points, or 0.31 percent, to 21,640.75, the S&P <u>gained</u> 13.22 points, or 0.54 percent, to 2,473.83 and the Nasdaq Composite <u>added</u> 40.74 points, or 0.64 percent, to 6,385.04.
（Reuters, 2017/7/19）

　この日のアメリカの株式市場は好調だったようで、ダウ平均、Ｓ＆Ｐ、ナスダックという３つの主要株価すべてが値上がりしたとこのロイター電は伝えています。さて、この記事で皆さんに注目していただきたいのは、３つの主要株価指標が値上がりしたことをどのような単語を使って伝えているかということです。

　下線を引いた３つの単語を見ていただければお分かりのように、株価が値上がりしたという１つの単純な事実を伝えるのに、"rose" "gained" "added" という３つもの違った単語（動詞）を使っているのです。

　わたしたち日本人の感覚からすれば、値上がりしたという事実を伝えるだけであるなら、こんな短い記事の中で３つも単語を使い分ける必要などなく、そのうちのどれか１つを繰り返し使ってもよさそうに思えます。

　しかし、欧米のジャーナリズムでは、そのように同じ単語を繰り返し使うのは無能な記者である証となるため、シソーラスなどを駆使して、できるだけ同じ単語や表現を繰り返さないように努力しているのです。

　さて、前記の通り、この日のアメリカの株式市場は全体としてはどこも好調だったようですが、そんな中にあ

って値下がりしていた産業セクターもありました。具体的には、鉄道会社などの輸送関連株が値下がりしたのですが、前記ロイターの記事はそうした鉄道輸送関連株の値下がりについても、次のように3つの違った単語を使って伝えています。

> CSX fell 5.1 percent to $51.87 after the railroad operators' forecast missed expectations, and it dragged stocks of its peers lower. Union Pacific fell 1.3 percent, while Kansas City Southern dropped 0.6 percent.

いかがでしょうか。ここでは、CSX, Union Pacific, Kansas City Southern などの主要鉄道輸送会社の株が値下がりしたことを、"fell" "dragged ... lower" "dropped" という3つのまったく違った単語（動詞）で伝えているのです。

このように同じ動詞を使わず、他の動詞で言い換えるという例は、まだまだほかにもたくさんあります。たとえば、次の記事に出てくるような動詞の言い換えです。

これはトランプ大統領から解任されたラインス・プリーバス首席補佐官のあとを受けて、その後任に就任したジョン・ケリーに関する『ワシントン・ポスト』（2017年8月9日）の記事ですが、ここでも今後ケリーがどのような税制を「支持する」のかという記事の最重要ポイントについて触れるときに、3つの違った動詞が使われているのです。

Would Kelly back a sweeping overhaul of the tax code, **proposed** by Treasury Secretary Steven Mnuchin and National Economic Coundil Director Gary Cohn? Would he sign off on raising tax rates on the wealthy, **championed** by chief strategist Stephen K. Bannon? Or would he favor a narrow tax cut, **suggested** by outside economic adviser Larry Kudlow?

（ケリーはムニューシン財務長官やコーン国家経済会議議長が提案している税制の大幅な見直しを支持するのだろうか。あるいは、バノン首席戦略官が支持している富裕層への増税に賛同するのだろうか。それとも、外部の経済顧問であるラリー・クドローが提唱する小幅な減税を支持するのだろうか）

ご覧の通り、ここでは"back""sign off on""favor"という3つの違った動詞あるいは句動詞が使い分けられています。もちろん、厳密に言えば、"back"や"favor"は「支持する」という意味である一方、"sign off on"の原義は「署名して承認する」という意味であるなど、これら3つ単語の間には多少ニュアンスの違いがあります。しかし、大きな意味としては、どれも「支持する」、「賛成する」という同じ意味を共有しています。

なお、この例文についての説明はこれで終わりではありません。すでにお気づきの方もいらっしゃるかもしれませんが、太字で書いた"proposed""championed""suggested"という3つの単語も基本的には同じ意味なのです。

もっとも、前記3つの単語の間に多少ニュアンスの違いがあったように、これら3つの単語もまったくの同義ではありません。"propose"は「提案する」、"champion"は「擁護する」、"suggest"は「勧める」という意味であるように、3つの単語の間には微妙な意味の違いがあります。しかしそれでも、大きな意味としては、3つともほぼ同じ意味であり、交互に入れ替えることが可能です。

† 名詞の言い換え

　では次に、名詞の言い換えの用例について見てみたいと思います。動詞の言い換えに次いで名詞の言い換えも、時事英語では非常に多く見られます。たとえば、次のような用例はその典型的なものです。

　　Representative Nancy Pelosi of California, the Democratic leader, registered <u>concerns</u> about adding sanctions against North Korea to the package, questioning whether it would prompt delays in the Senate. Mr. Schumer and Mr. Cardin expressed no such <u>anxieties</u>. (*New York Times*, 2017/7/22)
　　（民主党の指導者であるカリフォルニア州選出のナンシー・ペロシ下院議員は、その法案に北朝鮮に対する制裁を追加すれば上院での法案審議を遅らせることになるのではないかとして懸念を表明した。しかし、〔民主党上院の指導者である〕シューマー氏と〔メリーランド州選出上院議員の〕カーディン氏は

そのような懸念は表明しなかった)

　この用例では、下線を引いた"concerns"と"anxieties"という2つの名詞が「懸念」、あるいは「心配」という同じ意味を持つ単語として言い換えられています。日本人の感覚からすれば、わざわざ別に2つの単語を言い換える必要もないように思われるのですが、欧米のジャーナリズムでは、とにかくできるだけ同じ単語や表現を繰り返さないで記事を書くというのが原則になっています。
　次の用例も『ニューヨーク・タイムズ』(2017年9月21日)の記事ですが、北朝鮮がミサイルを連発してアメリカとの緊張関係が高まったときのトランプ大統領の対応について述べたものです。この記事でも2つの名詞が言い換えられていることがお分かりいただけると思います。

　　A new executive order that Mr. Trump announced would target additional North Korean entities and suggested that he was still committed to **economic pressure** for now, rather than military action, despite his vow to "totally destroy North Korea" if the United States were forced to defend itself or its allies.（中略）Some critics of Mr. Trump praised him on Thursday for focusing on **diplomatic pressure** rather than saber rattling.(*New York Times*, 2017/9/21)
　(トランプ大統領が発表した新しい大統領令は、これまでに追加して北朝鮮の組織を狙い撃ちするも

第4章　英語特有の「クセ」を理解する　131

のである。以前、トランプ大統領はもしアメリカが自国や同盟国を防衛しなければならないような事態になった場合には、「完全に北朝鮮を破壊する」と誓ったが、当面は軍事行動ではなく経済的圧力を優先する意向を示している。

〔中略〕このように当面は軍事行動ではなく外交的圧力をかけることを優先するというトランプ大統領の意向について、日ごろはトランプ大統領を批判する人の中でも賞賛する声があがった）

　この記事では、下線を引いた "military action" と "saber rattling" が同じ「軍事行動」を意味する言い換えになっています。なお、"saber rattling" というのは、文字通りには「サーベルをガタガタ鳴らすこと」という意味で、そこから「戦闘」、「軍事行動」という意味として使われるようになりました。

　また、この記事の中でもう一つ留意すべきことは、太字にした "economic pressure" と "diplomatic pressure" についても一種の言い換えになっていることです。実際、トランプ大統領が発表した大統領令の中身は "economic pressure" が中心となったものでしたが、そうした "economic pressure" というのは、より広い概念である "diplomatic pressure" の中に包含されるものです。その意味では、両者は同じことを違った単語で表現した言い換えであると考えることができるわけです。

†固有名詞の言い換え

　さて、これまでは名詞の主要な言い換えについて見てきましたが、名詞の言い換えの中には少し特殊なものもあります。それは、固有名詞の言い換えです。具体的には、人物、企業、国家、都市、スポーツ・チームなどについての言い換えです。

　最初に、そうした固有名詞の代表格である人物についてどのような言い換えがされているか見てみることにしましょう。下記の用例はトランプ大統領の懐刀的存在であったスティーブ・バノン首席戦略官が解任されたときの『ワシントン・ポスト』（2017年8月18日）の記事ですが、トランプとバノンの両者について名前とは別の表現で言い換えられています。

> But Bannon played a role for President Trump that no one else can fill, one that Trump will pine for like a junkie pines for smack. The impresario of apocalyptic politics gave Trump a grandiose image of himself when the real estate mogul was building a movement but had no real ideas.

（しかしバノンは、トランプ大統領のために彼以外の誰も埋めることができないような役割を果たしたのであり、麻薬中毒者がヘロインを求めるのと同じようにトランプはそれを求めたのであった。不動産業の大立者であったトランプは大統領候補者になって一種の政治運動のようなものを起こし始めた

が、それをどう進めるかということについてはまったく具体的なアイデアがなかった。そんなとき黙示録的世界観の親分のようなバノンは、トランプに対して誇大で尊大な自己イメージを与えたのだった）

　前記の通り、この記事では、トランプ、バノンとも別の言葉で言い換えられています。具体的には、"Bannon"は "The impresario of apocalyptic politics" として、また "Trump" は "the real estate mogul" として言い換えられているのです。

　ちなみに、バノンの言い換えで使われている "impresario" はイタリア語から入った言葉で、もともとは歌劇団などの団長や主宰者を表すものでしたが、現在のアメリカ語においては "director" や "manager" とほぼ同じような意味で使われています。また、トランプの言い換えで使われている "mogul" も時事英語ではよく使われる単語で、「大立者」とか「権力者」という意味です。

　それから、文中の "pine for" というのは「（今ないものなど）を求める」「渇望する」という意味で、"junkie" は「麻薬中毒者」、そして "smack" はスラングで「ヘロイン」のことです。

　次に取り上げる固有名詞の言い換えは企業についてのものですが、時事英語の中では、企業についても頻繁に言い換えが行われています。以下の用例は皆さんもよくご存知のアマゾンに関するものですが、記事では "the e-commerce behemoth" "the online retailer" と２つの別の言葉

で言い換えられています。

　Amazon, on the hunt for a place to build a second headquarters where it plans to invest $5 billion and create 50,000 jobs, has begun an enormous competition among cities across North America. With a loose set of requirements like proximity to an airport and walkability, the e-commerce behemoth has set officials on a journey to sell their towns, with the aim of getting in on what some are calling one of the largest economic development deals of the century.（中略）Mr. Gilbert, the founder of Quicken Loans, has also built an Amazon war room, where more than 40 people are trying to analyze what the online retailer likes and doesn't like.（*New York Times*, 2017/9/25）

（アマゾンは50億ドル投資して5万人の雇用を生み出すことになる第2本社の建設を予定しているが、こうしたアマゾンの計画は北米各都市の間で熾烈な競争を呼ぶことになった。この計画に関する条件として、電子商取引の巨人であるアマゾンからは空港への近さとか歩きやすい環境などといった緩いものしか示されていないため、各都市の関係者は少しでも自分たちの都市を売り込もうと必死になっている。実際、アマゾンの今度の計画については今世紀最大の経済開発案件であると呼ぶ人もいるほどである。

　クイックン・ローンの創業者であるギルバート氏

もアマゾン誘致のための司令室を立ち上げ、そこでは40人以上のスタッフがオンライン小売業者のアマゾンは何が好きで何が嫌いなのかを分析しようと懸命になっている)

　固有名詞の言い換えとして次にご紹介したいのは都市の言い換えです。具体的には、韓国の首都ソウルですが、それがどのように言い換えられているか、下記の記事をご覧下さい。

　　The Cha candidacy is said to be slowly working its way through the process. In the meantime, some in Washington fear the lengthy vacancy in Seoul has sent a message that will be difficult to overcome: that Trump's White House doesn't care about what an ambassador on the ground 35 miles from the North Korean border has to say about policy.（*Washington Post*, 2017/9/20)
　（〔ビクター・〕チャ氏を〔新韓国大使に〕任命する手続きについては、ゆっくりとではあるが進みつつあると言われている。その一方、長い間ソウルにおける米国大使職を空席にしておくことは、〔韓国に対して〕今後修復しがたいメッセージを送ることになると危惧する人間もワシントンにはいる。つまり、トランプのホワイトハウスは北朝鮮との国境から35マイルしか離れていないソウルに送るアメリカの大使が、〔北朝鮮〕政策について何を述べよう

と大したことではなく関心がないというメッセージを送ることになるという危惧である）

なお、この記事ではミサイル発射など北朝鮮の軍事挑発行動が大きな関心事となっていたこともあり、"Seoul"について "the ground 35 miles from the North Korean border" という「北朝鮮国境から35マイルしか離れていない」という近さを強調した言い換えになっています。

もちろん、こうした言い換えも、記事の内容が上記のような軍事的緊張に関するものではなく、たとえば経済や観光など他の問題に焦点を当てた場合には、当然それに関連した言い換えが行われることになります。

それから、固有名詞の言い換えでもう一つ紹介しておきたいものがあります。それは、スポーツ・チームに関する言い換えです。たとえば、大学フットボールに関する次のような記事です。

> With top-ranked Alabama largely unchallenged in Week 2, the big question leading up to the compiling of Amway Coaches Poll centered on who would be No. 2.
>
> The Crimson Tide, of course, retained the No. 1 spot after an easy **romp** past Fresno State, receiving all but two first-place votes cast this week. The second spot went to defending champion Clemson after a strong defensive performance in a 14-6 **triumph** over Auburn. The Tigers claimed the remaining two No. 1 votes and narrowly held off Okla-

homa for the second position. The Sooners vaulted three places to No. 3 after their huge road **win** at Ohio State, avenging a loss on their home field from a year ago. (*USA Today*, 2017/9/10)

（大学フットボールのシーズンが始まった第2週目にランキング1位のアラバマ大学が楽勝したこともあり、全米のフットボール・コーチが投票するアムウェイ調査ランキングでは、どのチームが第2位にランキングされるかということが大きな注目を集めることになった。

もちろん、フレスノ州立大学に楽勝したクリムゾン・タイド〔アラバマ大学〕は、2票を除いてすべて第1位の票を集め、ランキング第1位の座を維持した。第2位にはディフェンス陣が活躍しオーバーン大学を14対6で破った昨年のチャンピオンであるクレムゾン大学がなった。タイガース〔クレムゾン大学〕は1位の票を2票獲得し、オクラホマ大学を辛くも破って第2位にランクされた。一方、そのスーナーズ〔オクラホマ大学〕は昨年ホームで負けたオハイオ州立大学に敵地で大きな勝利をあげ、前週から3つ順位を上げて第3位になった）

上記の日本語訳を読んでいただければお分かりの通り、ランキング第1位のアラバマ大学は「クリムゾン・タイド」、第2位のクレムゾン大学は「タイガース」、そして第3位のオクラホマ大学は「スーナーズ」というニ

ックネームを持っており、アメリカ人ならほぼ全員がこうしたスポーツ強豪校のニックネームを知っていると言っても過言ではありません。

そういうこともあり、スポーツ記事などでは、アラバマ大学などといった実際の大学名ではなく、こうしたニックネームで言い換えることがしばしばあるのです。なお、前記以外の大学で全米によく知られたニックネームとしては次のようなものがありますので、ご参考までに列挙しておきます。

Ohio State University → Buckeyes
Florida State University → Seminoles
University of North Carolina → Tar Heels
University of South Carolina → Gamecocks
University of Kentucky → Wildcats
University of Notre Dame → Fighting Irish
University of Maryland → Terrapins
University of Michigan → Wolverines
University of Iowa → Hawkeyes
University of Georgia → Bulldogs
University of Arkansas → Razorbacks
University of Nebraska → Cornhuskers
University of Tennessee → Volunteers
University of Southern California → Trojans
Pennsylvania State University → Nittany Lions
Purdue University → Boilermakers

Duke University → Blue Devils
Georgetown University → Hoyas

　このように、アメリカの大学スポーツ・チームについては、親しみを込めてニックネームで呼ばれることが多く、こうしたニックネームに関する知識はアメリカ人としての一種の常識のようなものになっています。

　なお、上記用例については、もう一つ注目していただきたいところがあります。それは太字にした"romp""triumph""win"という3つの単語です。すでにお気づきの方もいらっしゃると思いますが、これら3つの単語はどれも「勝利」という意味を持った同義語で、これも言い換えになっているということです。つまり、大学名をニックネームで言い換えるだけでなく、それらのフットボール・チームが勝ったことについても違った単語で言い換えているのです（もっとも厳密には、"romp"には「相手をこてんぱんに負かす」というイメージがありますので、一般的な「勝利」のことをいう"triumph"や"win"とは多少ニュアンスの違いはありますが）。

†品詞混在型の言い換え

　以上これまでは、動詞と名詞、さらには名詞の中でも特に固有名詞の言い換えについて見てきました。もちろん、こうした動詞や名詞のほかにも、形容詞、副詞などの言い換えも時事英語では非常に頻繁に見られます。

　紙幅の関係からそれらの用例についてご紹介できない

のが残念ですが、英語の特徴であるこうした言い換えのパターンとして、次に動詞、名詞、形容詞など様々な品詞が混在した言い換えの用例について少し見てみたいと思います。

たとえば、次の用例を見て下さい。これはトランプ大統領からジョン・ケリーが新首席補佐官に任命されたときの状況について書かれた『ワシントン・ポスト』の記事（2017年7月31日）です。トランプ大統領がケリー首席補佐官をどのように褒めているかに注目して読んでみて下さい。

> After swearing in Kelly to his role during an Oval Office ceremony, Trump treated him to the formalities typically reserved for visiting heads of state. As the two sat shoulder to shoulder in armchairs for the benefit of cameras, Trump leaned in and <u>effusively praised</u> Kelly, who previously served as Trump's homeland security secretary. He <u>later lavished more praise on</u> him during a cabinet meeting.

（大統領執務室での宣誓就任式のあと、トランプは通常はアメリカを訪問する外国の国家元首に対してだけ行われるような大仰な儀式でケリーをもてなした。カメラによく映るように二人が肩を並べて肘掛け椅子に座ったとき、トランプはそれ以前に国土安全保障省長官として仕えたケリーのことを褒めちぎった。また、その後開かれた閣議でもトランプはケリーのことをさらに褒めちぎったのだった）

言うまでもなく、この記事については、下線を引いた"effusively praised"というところと、"lavished more praise on"というところが、「大いに褒めた」という意味の言い換えになっています。

　ただ注目していただきたいのは、前述の動詞の言い換えは基本的には単語の単純な言い換えであったのに対して、ここでの2つの表現については、"effusively praised"は「副詞＋動詞」、"lavished (more) praise on"は「動詞＋名詞＋前置詞」というように品詞が混在して、より複雑な形になっているということです（ちなみに、"effusively"は「溢れんばかりに」という意味の副詞、また、"lavish"は「気前よく与える」という意味の動詞です）。

†長めの言い換え

　言い換えの最後の例として取り上げたいのは、文章による言い換えの用例です。これまで紹介してきたのは、基本的には単語あるいは単語の組み合わせによる、比較的単純な言い換えでした。

　それに対して、ここで取り上げる言い換えの用例は、単なる1語や2語の単語の言い換えではなく、もう少し長めの文章を言い換えたものです。

　　President Trump has alarmed citizens of the nation's closest allies and others worldwide, <u>diminishing the standing of the United States</u> in their eyes, according to a wide-ranging international study released Monday.（中略）Elsewhere, though, and with remarkable speed, Trump's presidency has taken a toll on the United States' image abroad. The international survey by the Pew Research Center found that favorable ratings of the United States have decreased from 64 percent of people across all countries surveyed at the end of Barack Obama's presidency to 49 percent this spring.(*Washington Post*, 2017/6/26)

（月曜日に発表された広範囲にわたる国際調査結果によると、トランプ大統領はアメリカの最も緊密な同盟国の国民、さらには世界中の人々に警戒心を抱かせ、アメリカの評判を貶めることになった。〔中略〕また、その他の調査でも、トランプ大統領は著しい速さでアメリカの国際イメージを傷つけている。ピュー・リサーチ・センターの国際調査によると、アメリカに好意を持っている世界の人々の割合は、オバマ大統領の終わりの時には64%であったものが、この春には49%にまで低下しているのである）

　下線を引いた3か所が言い換えになっているのですが、ここで少し詳しく見てみましょう。まず"diminishing the standing of the United States"については、"diminish"というのは「損なう」とか「貶める」という意味で、"standing"というのは「名声」、「評判」という意味ですから、全体としては「アメリカの評判を貶める」という意味になります。

一方、"has taken a toll on the United States' image abroad" についても、"take a toll on" は「損害を与える」という熟語で、"diminish" と基本的には同じ意味になります。また、"United States' image abroad" というのも、先に見た "standing of the United States" と同じ意味のことを言い換えたものです。

　それから、3つ目の "favorable ratings of the United States have decreased" という文章についても、「アメリカへの好意的評価が下がった」という意味であり、先の2つと言い方は異なりますが、基本的には同じ意味のことを言っているわけです。

　こうした1語や2語の言い換えではない、少し長めの文章の言い換えとなっている用例をもう一つ挙げておきましょう。これは2017年にニューヨーク・ヤンキースの新人選手として大活躍したアーロン・ジャッジ選手に関する『ニューヨーク・タイムズ』の記事（2017年9月25日）です。

　　Judge leads the league in runs scored while hitting .283 with 105 R.B.I., but here is the biggest reason he should win: Nobody plays the modern game better. Besides his two homers in Monday's 11-3 rout, Judge added his 120th walk, and his 203rd strikeout. His homers, walks and strikeouts lead the A.L. In his first full major league season, Judge has become the manifestation of the game in 2017.

(ジャッジ選手は打率2割8分3厘、打点105で、得点ではリーグのトップに立っている。しかし、そうした数字でなく、彼がMVPを獲得すると思われる理由は次のことである。すなわち、彼ほど現代野球を象徴している選手はほかにいないからだ。
　月曜日の試合では彼は2本のホームランを打ってチームは11対3で勝ったが、彼はその試合で今シーズン120個目の四球と203個目の三振を記録したのだ。彼のホームラン、四球、三振の数はいずれもアメリカン・リーグのトップである。今年は彼にとって初めての大リーグでのフルシーズンであるが、すでに彼は2017年の野球を象徴する存在になっているのである)

　ジャッジ選手はこの日の試合で2本のホームランを打って、シーズン通算50本目のホームランを記録しました。それまでは、新人選手のホームラン記録としては1987年にマーク・マクガイア選手が記録した49本が最高だったのですが、ジャッジ選手はそれを超えて新記録を樹立したわけです。

　ただ、ジャッジ選手の「すごい」ところは単にホームランの数が多いだけでなく、記事の中でも書かれているように、四球や三振の数も桁違いに多いことです。記事では、ジャッジ選手のようにホームランも四球も三振も多いのが現代野球であり、ジャッジ選手はそれを象徴している存在だというわけです。

このように、ジャッジ選手が「現代野球の象徴」であるということを、記事ではまず、"Nobody plays the modern game better" と書き、そのあとで同じ意味のことを、"Judge has become the manifestation of the game" と言い換えているわけです。

† 文章の言い換え

さて、以上様々な言い換えの用例を見てきましたが、そうした言い換えの最後として、文章全体を言い換えている用例をご紹介しておきたいと思います。これは、2017年9月にハリケーン・マリアがアメリカ領であるプエルトリコを襲い甚大な被害をもたらしたときの記事ですが、その際、アメリカ政府の支援が遅れプエルトリコの住民が電気も水も食料もないという大変な事態になったにもかかわらず、アメリカ政府の役人がすべてうまく行っていると嘘の発言をしたため、プエルトリコの首都サンファンのクルーズ市長が激怒していることを伝えたものです。

> She was incensed by comments made by Elaine Duke, the acting secretary of Homeland Security, who had said on Thursday that it was "really a good news story in terms of our ability to reach people and the limited number of deaths" from the hurricane.
>
> "This is, dammit, this is not a good story," Ms. Cruz said on CNN. "This is 'people are dying' story. This is 'life

or death' story. This is 'there's a truckload of stuff that cannot be taken to people' story. This is a story of a devastation that continues to worsen." (*New York Times*, 2017/9/30)

（国土安全保障省のエレーン・デューク長官代行は木曜日に、「われわれがプエルトリコの住民に救援の手を差しのべることができたこと、またハリケーンでの死者が少なかったことは本当によい話だ」と語った。

その発言に対してクルーズ市長は激怒して、CNNで次のように語った。

「何ということですか。これはよい話などというものではありません。これは「人々が死にかけている」という話なのです。これは「生きるか死ぬか」という話なのです。これは「トランクにいっぱい救援物資が積んであっても人々のところには届かない」という話なのです。これは未だに悪化し続けている破壊の話なのです」）

この記事では、"This is '…' story" という形で3つ、そして最後の1つは "This is a story of …" という形になっていますが、「今は生きるか死ぬかの最悪の情況になっている」ということをクルーズ市長は巧みな言い換えによって訴えかけています。

まさに、「人々が死にかけている」というのは「生と死」の問題になっているということであり、またそれは「トラックにいっぱいの救援物資が積んであっても人々

第4章 英語特有の「クセ」を理解する　147

のところには届かない」という「未だに悪化し続けている破壊」の話であると言っているわけです。

† 英語は情報追加型である

さてこれまで、英語の大きな「クセ」として、①英語は名詞を偏愛する、②英語は同じ表現の繰り返しを嫌うという2つのことについて、様々な実例を挙げながら見てきました。ここでは、そうした英語の3つ目の大きな「クセ」として、③英語は情報追加型であるということについて見てみたいと思います。

英語が情報追加型の言語であることについては、関係代名詞や分詞の重要性について述べた第2章でも触れましたが、ここではそれらについてもう少し詳しく見ていきたいと思います。

第2章でも述べましたように、英語は先に出てきた情報に対して、そのあとから追加的に説明を加えていくことを最も得意としており、それが英語という言語の構造に非常に合っているわけです。

そのような情報追加型であるという英語の「クセ」を支える上で特に重要な役割を果たしているのが、先述した通り関係代名詞と現在分詞や過去分詞です。そうした関係代名詞や過去分詞が大活躍している情報追加型英文として、次のような『ニューヨーク・タイムズ』の記事（2013年8月10日）をご紹介しておきたいと思います。

  Ms. Wagner of Missouri, another Republican freshman on the committee who has pulled in a large number of industry contributions, sponsored a bill that would block or delay Labor Department rules intended to prevent life insurance agents and other brokers from selling financial products that they know may not be in the client's best interest.

（ミズーリ州選出のワグナー議員はその委員会におけるもう一人の新人共和党議員であるが、彼女は多数の業界から献金を集めてきた。ワグナー議員はある法案を提出したが、その法案は生命保険の代理店やブローカーが顧客の最善の利益にならないと知りながら金融商品を売りつけることを防止することを目的として定められた労働省の規則を妨害したり遅延させるものであった）

この記事では3つの関係代名詞（who, that）と1つの過去分詞（intended）が使われていますが、これらはすべて前に出てきたことに関する追加情報を与える役割を果たしています。

もう少し具体的に見ていきますと、最初の"who"は、その前に出てくる先行詞である"another Republican freshman on the committee"（その委員会に所属するもう一人の新人共和党議員）に関して、"who"のあとに続いて出てくる"has pulled in a large number of industry contributions"（多数の業界から献金を集めた）という追加情報を提供する役目を果たしています。

第4章 英語特有の「クセ」を理解する

それと同じように、その次の"that"に関しても、先行詞の"bill"（法案）が"would block or delay Labor Department rules"（労働省の規則を妨害あるいは遅延させる）ものであることを追加情報として提供しているわけです。

　それから、3つ目の"intended"については、その前にある先行詞の"Labor Department rules"が"to prevent life insurance agents and other brokers from selling financial products"（生命保険の代理店やブローカーが金融商品を売りつけることを防止する）ことを「意図して」作られたものであることを追加説明しています。

　そして、最後に出てくる"that"は、その先行詞である"financial products"について、"they know may not be in the client's best interest"（生命保険の代理店やブローカーがそれが顧客の最善の利益にならないかもしれないことを知っている）という追加情報を与える役割を果たしているわけです。

　このように、先に主要な情報を提示し、そのあとから、それについてのより詳細な追加情報を提供していくというのが英語の大きな「クセ」であり、一つの基本パターンになっています。

　このような英語の「クセ」が非常によく表れている用例を、もう一つ紹介しておきましょう。これは、以前『ニューヨーク・タイムズ』のパブリック・エディターを務め、現在は『ワシントン・ポスト』のメディア・コラムニストとして活躍しているマーガレット・サリバンが、アメリカの地方新聞の窮状について書いた記事です。

"The public is paying attention," said David Chavern, who heads the News Media Alliance, which rolls out a national public-education campaign this week called "Super Real News," emphasizing the role of trusted - often local - news sources.（*Washington Post*, 2017/10/1）
　（「人々は注意を払っています」とデイビッド・チャバーン氏は語った。同氏は「ニュース・メディア同盟」という団体の代表者で、この団体は今週から「スーパー・リアル・ニュース」と呼ばれる全国的な大衆教育運動を展開し、信頼できるニュースソース——それはしばしば地方ニュースのことだが——が果たす役割の大切さを強調していくことになっている）

　この記事について少し細かく見ていきますと、まず気がつくのは、短い文章であるにもかかわらず、その中で下線を引いたように合計4つ（2つの関係代名詞と2つの分詞）もの情報追加型の単語が使われていることです。
　最初の"who"は、この文章の主役である"David Chavern"のことをより詳しく説明するためのもので、これによって彼が「ニュース・メディア同盟の代表者」であることが分かります。
　そして、そのすぐあとに出てくる"which"は、その直前に出てきた「ニュース・メディア同盟」についてより詳しい追加情報を提供する役割を果たしています。具体的には、チャバーン氏が率いる「ニュース・メディア同

盟」は「今週から全国的な大衆教育運動を展開する」予定であるという追加情報です。

さらに、そのあとに出てくる過去分詞の "called" は、その「大衆教育運動」が「スーパー・リアル・ニュース」と呼ばれている (called) という追加情報を提供し、そして最後に出てくる現在分詞の "emphasizing" は、その「スーパー・リアル・ニュース」と呼ばれる「大衆教育運動」が「信頼できるニュースソース──それはしばしば地方ニュースのことだが──が果たす役割の大切さ」を強調する (emphasizing) ものであるという追加情報を提供しているわけです。

くどいようですが、このように英語というのは、とにかく先に重要情報を提示して、そのあとに関係代名詞や分詞の力を借りてそれらについてのより詳しい追加情報を提供していくというのが一番性に合った表現形式なのです。こうした英語の「クセ」を理解していると、次にどのような内容のことが書かれてあるのか、英文を読んでいてもある程度予測できるようになってきます。

以上見てきましたように、英語は情報追加型の言語であり、そうした英語の構造において最も重要な役割を果たしているのが関係代名詞と分詞(現在分詞と過去分詞)なのです。

†接続詞・前置詞による情報追加

しかし、英語の情報追加型構造を支えているのは関係代名詞と分詞だけではありません。それら以外にも、接

続詞や前置詞なども文章のあとから情報を追加していく上で非常に重要な役割を果たしています。

　たとえば、次のような用例はその代表的なものの一つと言えるでしょう。これは、先にも多少触れましたが、2017年8月にバージニア州シャーロッツビルで白人至上主義者やネオナチと彼らに反対するリベラル派グループとの間で衝突があり、女性1人が死亡する事件が起こったのですが、これに関してトランプ大統領が「どちらのグループにも良い人たちがいる」と発言してメディアや国民から強い批判を受けたため、そのあとで発言を修正したことに関するものです。

　　President Trump denounced the Ku Klux Klan and neo-Nazis by name Monday, <u>declaring</u> racist hate groups as "repugnant to all that we hold dear as Americans," <u>as</u> he sought to tamp down mounting criticism of his response to the killing of a counterprotester <u>at</u> a white supremacist rally in Charlottesville <u>over</u> the weekend.（*Washington Post*, 2017/8/14）

　（トランプ大統領は月曜日にKKKとネオナチを名指しして非難し、こうした人種差別グループは「アメリカ人が大切に思うすべてのことに反している」と述べた。トランプ大統領は、先週末シャーロッツビルの白人至上主義者の集会でそれに反対する人が殺されたことに関して発言を行ったが、その発言に対する批判が高まってきたため、それを押さえ

込むために今回の発言を行ったのである）

　まずこの用例で見ていただきたいのは、下線を引いた4つの単語です。そのうち最初の"declaring"は、これまでにも見てきましたように情報追加型の現在分詞の用法で、すでに皆さんもよくご理解されているものです。

　ここで注目していただきたいのは、下線を引いた残りの3つの"as""at""over"です。言うまでもなく、"as"は接続詞で、"at"と"over"は前置詞ですが、こうした接続詞や前置詞も関係代名詞や分詞に負けず劣らず、英文に情報を追加していく重要な役割を果たしています。

　たとえば、接続詞の"as"について見てみましょう。これは、トランプ大統領が自分の発言に対する批判を押さえ込もうとして、という意味を表しています。この接続詞"as"によって、まさに前の文とあとの文が「接続」され、あとの文が前の文に関する追加情報を提供する役割を果たすことになっています。

　また、その次の"at"という前置詞は、その前に出てくる白人至上主義者に反対する人が殺されたのがどこであったのか（シャーロッツビルでの白人至上主義者の集会）という追加情報、そして最後の"over"も、それがいつあったのか（週末）という追加情報を提供する役割を果たしているわけです。

第 5 章

アメリカ歴史文化の常識

†文法力と語彙力だけでは不十分

　さて、これまでは、『ニューヨーク・タイムズ』や『タイム』などに掲載される英文を辞書なしで読みこなしていくための勉強として、英文法のキモや語彙力増強法、さらには英語の「クセ」にはどのようなものがあるかといったことなど、主としてスキル面での英語読解力向上のための方策について実例を挙げながら見てきました。

　本章では本書の最終章として、そうした英文を読みこなしていく上で、ある意味、日本人には身につけることが最も難しいアメリカ社会の常識について見ていきたいと思います。

　英語でも日本語でも同じですが、どんな言語もそれが使われている国の歴史や文化から離れて存在することはできません。言語とそれが使用されている国の歴史や文化との間には切っても切り離せない密接な関係があります。言語表現というのはそうした国の歴史や文化について一定の知識があることを大前提にしています。

　したがって、英文を読んでその内容を正確に理解するためには、それが使われている欧米の歴史や文化を十分知っておかなければなりません。もしアメリカの主要紙や雑誌を読むのであれば、当然のことながら、アメリカの歴史や文化についての一定の知識が必要になります。

　そうしたアメリカの歴史や文化についての知識がなければ、かりにそれらの記事を読んで、そこで使われてい

る文法も語彙も理解できたとしても、必ずしも書いてある内容を正確に理解することはできません。ましてや、その文章の面白さについて十分に味わうことは至難の技です。

本章では、アメリカの歴史、社会、大学、スポーツ、テレビ番組、有名句などに関してすでにアメリカ人の常識となり、アメリカの新聞や雑誌などでもよく使われている言葉についてご紹介していきたいと思います。

なお、紙幅の関係から、ここでご紹介できるのはそれぞれの項目につきほんの1〜2の例に過ぎませんが、アメリカ社会のこうした常識を知っておくことが英文を読む上でいかに重要であるかということをご理解していただければと思います。

† 歴史の常識

では、最初に歴史に関するアメリカ人の常識から見ていきたいと思います。まずは、次の記事をご覧いただきたいと思います。この記事には、アメリカの歴史上有名なある人物の名前が書かれているのですが、その人物がどのような人で、どのような意味合いでこの記事の中で使われているのかお分かりになりますでしょうか。

> Sen. John Kerry (Mass.), the front-runner for the Democratic presidential nomination, frequently calls companies and chief executives "Benedict Arnolds" if they move jobs and operations overseas to avoid paying U.S. taxes.

(*Washington Post*, 2004/2/26)

　（民主党の最有力大統領候補であるジョン・ケリー上院議員は、企業やその経営者のことを、もし彼らが税金逃れのために仕事を海外に移すようであれば、「ベネディクト・アーノルド」と同じだと頻繁に批判している）

　これは2004年の『ワシントン・ポスト』の記事で多少古いのですが、当時民主党の大統領候補としては、のちにオバマ政権で国務長官になったジョン・ケリーが最有力候補でした。その後ケリーは実際に民主党大統領候補に選出されることになりますが、選挙キャンペーンでは当時批判が高まっていた企業の海外への税金逃れに関して、ケリーも強く批判していたのでした（大統領選では現職のジョージ・ブッシュ大統領に敗れましたが）。
　そうした中、ケリーは海外に税金逃れをする企業やその経営者のことを「ベネディクト・アーノルド」（Benedict Arnold）と呼んだと記事には書かれています。
　この記事の英語自体はそれほど難しくないと思います。しかし、ベネディクト・アーノルドがどんなことをした人物で、どのような人物としてアメリカ人の常識になっているのかということが分からなければ、この記事の意味を理解できませんし、その面白さも味わうことができません。
　では、ベネディクト・アーノルドとはどのような人物だったのでしょうか。実はアーノルドはアメリカの独立

戦争のときに活躍したアメリカ側の将軍で、多くの戦功を挙げた人物でした。しかしながら、その後政敵から汚職容疑で告発されたりしたため反感を募らせ、アメリカ軍を裏切ってイギリス軍に寝返ってしまいました。そのためアメリカでは、ベネディクト・アーノルドといえば、裏切り者の代名詞になってしまったのです。

このように、「ベネディクト・アーノルドは裏切り者」というのがアメリカ人の常識になっていることを知っていると、前記ケリーの発言もすんなりと理解できるのですが、こうしたアメリカ人の常識を知らないと、いったいケリーが褒めているのか批判しているのかさえも分からなくなります。

さて、これでベネディクト・アーノルドが裏切り者の代名詞であることはご理解いただけたと思いますが、ここでアメリカの歴史にまつわるもう一人の人物をご紹介しておきたいと思います。その名はポール・リビア（Paul Revere）と言います。

では、まずそのポール・リビアの名前が出てくる次の記事をお読み下さい。この記事はゴミ問題に関するもので、ある船がゴミを積み込んでニューヨークから出航し、大西洋岸からメキシコ湾までその廃棄場所を探しに出たのですが、結局どこにも廃棄場所が見つからず、絶望してニューヨークに舞い戻ってきたことを伝えたものです。

しかし、この記事がそれ以上に訴えたかったことは、これがニューヨークだけの問題ではなく、全米すべての

州や都市が考えなければならない重大問題だということでした。それに関して、記事は具体的に次のように書いています。少し難しいかもしれませんが、一度読んでみて下さい。

なお、文中の "homeless scow" というのは「行き場のないゴミ運搬船」のことで、ゴミの廃棄場所を探すことができず絶望してニューヨークに戻ってきた前記の船のことを指しています。

> But there's a larger problem, and all states and localities ought to recognize the homeless scow as <u>a floating Paul Revere</u>. It has sounded an alarm about an imminent threat to American life posed by the vast tonnage of waste the nation produces. (*New York Times*, 1987/5/23)

（しかし、これよりももっと大きな問題がある。それは、すべての州と都市は、今述べたような行き場を失ったゴミ運搬船の問題を「海に浮かんだポール・リビア」として考えるべきだということである。今回、ゴミ運搬船が廃棄場所を探せずにニューヨークに戻ってきたことは、アメリカが生み出す庞大なゴミによってアメリカ人の生活が脅かされていることを示す差し迫った警告が鳴らされたということなのである）

この記事では「海に浮かんだポール・リビア」（a floating Paul Revere）という表現で出てきますが、この意味を

理解するためには、まずポール・リビアというのがどんな人物であったのかを知る必要があります。

では、ポール・リビアとはどんな人物であったかと言いますと、彼もベネディクト・アーノルドと同じくアメリカの独立戦争時代の人で、もともとはボストンの銀細工師（silversmith）でした。

その後、独立戦争が始まると彼はアメリカ軍に従軍し、レキシントン・コンコードの戦いの前夜の真夜中にボストンからコンコードまで馬で駆けて行き、"The British are coming, the British are coming."と言ってイギリス軍が目前に迫っていることを味方軍に警告する大役を果したのでした。

このように、ポール・リビアが味方のアメリカ軍に警告するために"The British are coming"と言ってまわったという故事はアメリカ人の間では大変有名であり、下記の用例のように、"... are coming"という表現も時事英語ではよく使われるようになっています。

> The sunsetting of a 2002 agreement on community gardens has some advocates and bloggers feeling like Paul Revere. "The developers are coming! The developers are coming!" a headline on EV Grieve shouted Wednesday morning, in a post promoting a bicycle ride in opposition to the city's proposed new rules for managing the gardens. (*New York Times*, 2010/7/28)

（コミュニティー・ガーデンに関する 2002 年の合

意が終わることについては、合意の継続に賛成する者やブロガーたちをポール・リビアになったような気持ちにさせている。EV Grieve というコミュニティー・ブログは水曜日の朝、「開発業者がやって来る！　開発業者がやって来る！」という見出しを掲げ、ニューヨーク市当局が新たな規則によって公園管理を行おうとしていることに反対し、公園内でもっと自由に自転車が乗れるようにすることを主張している）

　なお、ポール・リビアのこの行動については、のちにヘンリー・ロングフェローが詩に詠んだことによって、それ以降、"Paul Revere's Midnight Ride" としてアメリカ人の間では知らぬ者がいないほど有名な歴史的故事になりました。
　このような働きによって、今ではポール・リビアは、国家的な重大事に身の危険を省みずに警告を発した愛国者の代名詞になっているのです。その意味では、先にご紹介した裏切り者の代名詞であるベネディクト・アーノルドとはまさに正反対です。
　ということで、先ほどの「海に浮かんだポール・リビア」という表現ですが、これはポール・リビアの愛国者としての側面ではなく、イギリス軍の侵攻を伝えた警告者としての側面を強調したもので、「海に浮かんだ警告者」という意味になるわけです。

†社会の常識

さて、次にご紹介したいのはアメリカ社会の常識に関する英語表現です。もっとも、一概にアメリカ社会に関する常識と言ってもその範囲は非常に広く、様々なものがあります。

ここでは、そうしたアメリカ社会に関する様々な常識の中から、特に多民族社会であるアメリカならではの、ユダヤ人、黒人、インディアンたちがアメリカ社会の中でどのようなイメージを持たれているか、その一端についてご紹介してみたいと思います。

まずはユダヤ人、その中でも「ユダヤ人の母親」という存在がアメリカ社会の中でどのようなイメージで捉えられているかということについて見てみましょう。最近は日本でも多少知られるようになってきましたが、「ユダヤ人の母親」(Jewish mother) と言えば、アメリカでは子供の教育に大変熱心な母親というイメージが定着しています。

†ユダヤ人の母親とチキン・スープ

しかし、アメリカでは、「ユダヤ人の母親」という表現には、こうした教育熱心な母親というイメージ以外にもう一つ強いイメージがあります。では、具体的にそれはどのようなイメージなのでしょうか。先に答えを言ってしまいますと、それは「チキン・スープ」(chicken soup) を作るのが得意だというイメージなのです。

次に挙げる文章は"Jewish mother"とはどういう人のことをいうのかということを解説した辞典から取ったものですが、これを読んでいただければ、"Jewish mother"と"chicken soup"がいかに強く結びついて、アメリカ人にイメージされているかがお分かりになると思います。

> Jewish mother: Proverbial over-solicitous Jewish mother who suffocates her sons, with too much tender loving care, too much chicken soup, too many sexual and moral restrictions, too many admonitions.（Sylvia Cole and Abraham H. Lass, *The Dictionary of 20th-Century Allusions*）
> （「ユダヤ人の母親」：これはあまりにも愛情を注ぎ、あまりにも多くのチキン・スープを飲ませ、あまりにも多くの性や道徳に関する制限を設け、あまりにも多くの忠告を与えることによって息子たちを窒息させる、過度に心配性な人間としてよく知られたユダヤ人の母親のことである）

チキン・スープについては風邪やインフルエンザによく効くということで、別名"Jewish penicillin"とも呼ばれています。しかし、今ではユダヤ人の母親の専売特許ではなくなり、ユダヤ人以外のアメリカの一般家庭でもチキン・スープは風邪やインフルエンザに対する民間療法として広く使われるようになっています。

このように、チキン・スープは風邪の民間療法として広く知られているのですが、それをうまく使って、のち

に妻となるヒラリーを射止めたのが学生時代のビル・クリントンでした。

ビルとヒラリーはエール大学のロースクールで一緒に学んでいたことがあるのですが、あるときヒラリーが風邪をひいたと聞いたビルは、すぐにチキン・スープとオレンジ・ジュースをもってヒラリーのもとに駆けつけて行きました。

これはビルとヒラリーの非常に有名なエピソードの一つで、そのときのことをヒラリーは自伝で次のように書いています。

> 当時、わたしにはつきあってるボーイフレンドがいたし、週末の旅行も計画していた。でも、旅行から日曜おそくに帰ってきたら、ビルから電話がかかってきた。わたしはわるい風邪にかかったらしく、しきりに咳をした。
>
> 「ひどいなあ、その声」といった彼が、三十分後、わたしの部屋のドアをノックした。手にチキンスープとオレンジジュースがあった。彼は部屋に入ってくると、話を始めた。彼はどんな話題についても話をすることができた――アフリカの政治からカントリーウェスタン・ミュージックまで。わたしは「こないだのパーティでどうしてあんなに無口だったの?」と聞いた。
>
> 「だって、きみのことも、きみの友だちのこともっと知りたかったから」(『リビング・ヒストリー』

第5章 アメリカ歴史文化の常識

上、ハヤカワ文庫)

　正直なところ、このときビルが持っていったチキン・スープがどれだけヒラリーの風邪に効いたのかは分かりません。しかし、ビルがチキン・スープを持ってきてくれたことで、ヒラリーのビルに対する好意が増したことは確かなようで、実際、その後「間もなく、二人は離れられない仲になった」とヒラリーは自伝の中で語っています。
　では、チキン・スープは単なる民間療法に過ぎないのかというと、必ずしもそうではないようです。チキン・スープが風邪に対して実際に効果があることが、次の用例からも分かります。

　　A mock court gave a shot in the arm to Jewish mothers everywhere today by ruling that chicken soup deserves its reputation as "Jewish penicillin."(中略)
　　Medical testimony came from Dr. Michael Le Noir, president-elect of the clinical staff of the University of California Medical School, who testified that chicken soup, indeed, had medical benefits, especially when fighting colds. (AP, 1987/12/10)
　　(本日開催された模擬裁判で、チキン・スープは「ユダヤ人のペニシリン」であるという評価に値するとの判決が出て、全国にいるユダヤ人の母親たちを元気づけることになった。

医学的な証言はカリフォルニア大学医学部の臨床スタッフ会の次期会長に選出されたマイケル・ルノア博士が行ったが、博士はチキン・スープには実際に医学的な効果があり、特に風邪に効くとの証言を行った）

†黒人とスイカとフライド・チキン

　日本人があまり知らないアメリカ社会の常識をもう一つご紹介しておきたいと思います。それは、アメリカでは黒人はスイカが大好きな人たちであるというイメージが出来上がっているということです。

　大変残念なことですが、アメリカでは依然として黒人やヒスパニックの人たちに対する侮蔑的な発言や差別があとを絶ちません。そうした中でも特に多いのが、黒人が街を歩いていたり、車を運転したりしているところを警官に尋問され、それが口論に発展して警官が黒人に発砲して黒人が死亡してしまうというような事件です。

　そうしたあからさまな刑事事件のほかにも、アメリカでは黒人やヒスパニックに対する侮蔑的な差別発言や事件が日常茶飯事のように起きています。白人だけのパーティーや会合などでは、今でもその種の差別的問題発言や度を越した悪ふざけが行われており、しばしば大きなスキャンダルになっています。

　次に挙げる用例もそうしたものの一つで、アリゾナ州立大学の学生友愛団体（"fraternity" と呼ばれています）の一つでパーティーが行われたとき、学生の何人かが黒人

を侮蔑する悪ふざけをして、それがソーシャル・メディアに流れて大問題になった事件に関する記事です。

  Arizona State University said Thursday that it is severing ties with a fraternity after the chapter hosted a distasteful party in commemoration of Martin Luther King's Birthday, complete with racist stereotypes and offensive costumes.（中略）Pictures from the party that made their way into social media websites showed guests flashing gang signs and <u>holding watermelon-shaped cups</u>.（AP, 2014/1/23）
（アリゾナ州立大学は木曜日、キング牧師の誕生記念日に人種差別的なステレオタイプと嫌悪感をもようさせる服装をして悪趣味なパーティーを開催した学生友愛団体の支部との関係を断絶すると発表した。〔中略〕そのパーティーで撮られた写真はソーシャル・メディアに流出したのだが、それらの写真の中には学生たちがギャング・サインを見せびらかしたり、スイカの形をしたカップを手に持っている姿などが写っていた）

この記事の前の方にある内容からも、この学生パーティーでは人種差別的な言動が見られたことが明らかです。しかし、アメリカ人の多くが「黒人はスイカが大好きだ」というステレオタイプを持っていることを知らないと、なぜ学生たちが "holding watermelon-shaped cups"

（スイカの形をしたカップを持って）いたのかということが理解できないのです。

　もちろん、こうした「スイカが大好きだ」という黒人に対するステレオタイプは非常に差別的であり、嫌悪すべきものです。しかしながら、日本人が英語を十分に理解するという観点から言えば、こうした嫌悪すべき偏見であっても、すでにアメリカ社会の常識の一部になっている以上は知識として持っておいた方がいいと言えるでしょう。

　アメリカで黒人とスイカがいつごろから結びつけられて考えられるようになったのかということについては諸説ありますが、少なくとも19世紀の後半にはそうしたイメージはある程度できていたようです。そして、その後、このイメージは演劇、映画、音楽、写真などの大衆文化を通じて広くアメリカ全土で共有されていくことになりました。

　このように、アメリカ社会では、一つのステレオタイプとして黒人とスイカという組み合わせが分かち難く結びついています。しかし、黒人にはスイカ以外にもう一つほかの食べ物が分かち難く結びつけられてイメージされているのです。それはフライド・チキンです。

　黒人とフライド・チキンが密接に結びつけられてイメージされているのは、次の用例からも明らかです。これは、有名なプロゴルファーであるセルジオ・ガルシア（スペイン）とファジー・ゼラーが、これも大変有名な黒人ゴルファーであるタイガー・ウッズに対して悪趣味

なジョークを言って問題になったときの記事です。

Garcia has apologized to Woods after saying at a recent awards dinner in London that he would serve <u>fried chicken</u> if the two rivals had dinner at the U.S. Open. Garcia called it a "silly remark," adding that "in no way was the comment meant in a racist manner." Still, the comment brought up the <u>stereotype of simple-minded blacks obsessed with chicken and watermelon</u> - a stereotype that dates back more than a century. It also brought back memories of a similar comment made that Zoeller made during the 1997 Masters, when Woods was romping to victory. Himself a former champion, Zoeller said on camera that he hoped Woods wouldn't order <u>fried chicken</u> for the dinner honoring past champions the following year. (*USA Today*, 2013/5/23)

（ガルシアは最近ロンドンで開かれたある夕食会で、もしウッズと二人でUSオープンの会場で夕食をともにできるのならウッズにはフライド・チキンをご馳走するだろうと発言したことに対して、ウッズに謝罪を行った。ガルシアはこの自分の発言を「バカな発言」であったとした上で、決して人種差別的な意味で言ったのではなかったと付け加えた。

しかしながら、こうした発言は、チキンとスイカが大好きな単純な黒人たちというステレオタイプ——実際こうしたステレオタイプはすでに1世紀以

上続いているのだが——が依然として存在していることを思い出させる。

　また、今回のガルシアの発言は、ウッズがぶっちぎりで優勝した1997年のマスターズの期間中にゼラーが言った同様の失言を思い出させる。彼自身マスターズの優勝者であるゼラーはカメラの前で、今年ウッズが優勝しても、来年、過去の優勝者を招いて行う夕食会ではフライド・チキンを注文しないよう望んでいると失言したのだ）

　ガルシアもゼラーも大勢が集まる夕食会やカメラの前であるということで、何か気の利いたジョークを言わなければならないというプレッシャーがあったのかもしれませんが、それにしても軽率な発言であったというほかありません。

　いずれにせよ、アメリカ社会では黒人とフライド・チキンが結びつけられてイメージされているという知識がなければ、上記の記事を読んでもその内容を十分に理解できないことになってしまうわけです。

†インディアン居留地とギャンブル

　次にご紹介させていただきたいのは、アメリカでは、インディアン居留地（Indian reservation）にはカジノが多く、ギャンブルをする場所であるというイメージが出来上がっていることについてです。その意味では、アメリカ人の頭の中ではインディアンとギャンブルが分かち難

く結びついていると言えます。

近年は日本でもカジノを開設する動きがありますが、そんな日本でのカジノ解禁の動きを虎視眈々と狙っているのがラスベガスやアトランティック・シティなどで大規模なカジノを運営するアメリカのカジノ業者です。

カジノは今やアメリカでは一大産業です。全米には約1500ものカジノがあり、その年間売上げは約700億ドルにものぼります。そのうち、ラスベガスやリノなどカジノの一大集積地となっているネバダ州には、全米のカジノの約5分の1にあたる約330のカジノがあります。

このように、アメリカでカジノと言えば、すぐにラスベガス、リノ、アトランティック・シティなどの名前が思い浮かびます。しかし、アメリカでは、カジノやギャンブルと聞いたとき、こうした街の名前に負けず劣らずイメージされるのがインディアン居留地のことなのです。

では、そうしたインディアン居留地とギャンブルの深い関係を示す用例を見てみることにしましょう。これは、アイダホ州議会で、州内のインディアン居留地にあるカジノでのビデオ・ゲームを禁止しようとする動きがあり、そうした動きに対してインディアン側の関係者が反対していることを伝えた記事です。

> Tribal leaders are warning an Idaho panel that tweaking the law on <u>what gaming is allowed on Indian reservations</u> would violate the delicate contracts between the tribes, state and federal government. The House State Af-

fairs Committee is currently considering legislation that would ban lucrative video gaming at tribal casinos in Idaho. (AP, 2017/2/21)

（インディアン部族の指導者たちは、インディアン居留地ではどのようなゲーム〔ギャンブル〕であれば許されるかを定めた現在の法律を修正することは、インディアン部族、州政府、連邦政府の三者間で結ばれた細心の注意を要する契約に背くことになると、アイダホ州の〔ギャンブルに関する〕委員会に対して警告を発している。現在、下院の州内問題委員会はアイダホ州にあるインディアン居留地内のカジノで、高収益をもたらすビデオゲーム・ギャンブルを禁止する法案を審議している）

この記事からもお分かりいただけますように、アメリカではインディアン居留地とギャンブルは切っても切り離せない関係にあります。

実際、現在、全米各地にあるインディアン居留地には約500ものカジノがあり、その年間売上高は約300億ドルにもなります。前記の通り、全米のカジノの年間売上高が約700億ドルですから、インディアン居留地にあるカジノはその40％以上を占めることになるわけです。まさに、インディアン居留地なくして、アメリカのカジノ産業は成り立たないと言っても過言ではありません。

ラスベガスなどのアメリカのカジノに行ったことのある方ならお分かりのように、アメリカ人というのは本当

にギャンブルの好きな人たちで、何でもギャンブルの種にしてしまいます。

　そんな中でも最近非常に盛んになっているのが、スポーツ・ベッティング（sports betting）と呼ばれるギャンブルです。

　フットボールの最大の試合であるスーパーボウル、メジャーリーグのチャンピオンを決めるワールド・シリーズ、さらには、大学バスケットの全米チャンピオンを決める決勝戦などはスポーツ・ベッティングの中でも最高の盛り上がりを見せます。

　こうしたスポーツ・ベッティングについては一部非合法になっており、これを合法化しようとする動きがあります。下記にご紹介するのはそれに関する記事で、ここにもインディアン居留地のことが出てきます。

　　On Friday, Sen. John McCain endorsed congressional hearings on the expansion of legalized sports betting on the ABC/ESPN pod cast "Capital Games." The Arizona Republican said he backed sports betting in states or <u>Indian reservations</u> where other forms of gambling are already legal. But he said he was concerned that Internet gambling remains ripe for corruption. (*Baltimore Suns*, 2015/1/30)

　（金曜日、マケイン上院議員はABC/ESPNのポッドキャスト番組「キャピタル・ゲームズ」に出演し、合法的なスポーツ・ベッティングの拡大について議会で公聴会を開催することに支持を表明した。

また、アリゾナ州選出の共和党議員であるマケイン上院議員はすでに他のギャンブルが合法となっている州やインディアン居留地でのスポーツ・ベッティングについても支持すると述べたが、インターネット・ギャンブリングについては不正の温床になっているとして懸念を表明した）

このように、アメリカでは、ギャンブルとインディアン居留地が一種のセットのような形でイメージされていることを是非知っておいていただきたいと思います。

†貧富を分ける鉄道線路

近年、日本でも貧富の格差が広がり大きな社会問題になっています。しかし、アメリカ社会の情況を見ていると、やはりその格差の激しさは日本の比ではないように感じます。

アメリカ社会の格差といえば、まずは所得面の格差が思い浮かびます。アメリカにはビル・ゲーツ、マーク・ザッカーバーグ、ジェフ・ベゾス、ウォーレン・バフェットなどのように何百億ドルもの資産を持っている大富豪がいる一方、街には1ドルの収入もないホームレスも数多くいます。大富豪とホームレスを比較するのは極端過ぎるかもしれませんが、平均的な所得の人たちと比べても、高所得者層と平均所得者層の格差は大きくなる一方です。

そんな所得格差が最も顕著な形となって現れているの

は、何と言っても住宅です。今でもアメリカでは、場所によって貧富の差が非常にはっきりしており、どこに住んでいるのかを聞けば、その人のおおよその所得水準が分かるほどです。

　以前のアメリカでは、こうした場所による貧富の差は今よりももっと大きく、鉄道線路一つ越えて向こう側へ行けば、そこはまさに自分たちが住んでいる場所とはまったく違った環境であるのが普通でした。そうしたことから、アメリカでは"on the other side of the tracks"（線路の向こう側）という表現が生まれ、今でもアメリカのメディアでは次の用例のような形で頻繁に使われています。

　　Indeed, in 1962 Michael Harrington argued in "The other America" that poverty survived amid broad prosperity precisely because it was invisible to most Americans.（中略）
　　Americans, he suggested, no longer saw poverty just "on the other side of the tracks" in their towns and small cities, but as a distant problem of the inner city, glimpsed only fleetingly from commuter trains or highway traffic.（*New York Times*, 2012/3/19）
　（マイケル・ハリントンは1962年に出版した『もう一つのアメリカ』という著書の中で、アメリカが全体として繁栄する中においても一部で貧困が残ったのは、それはアメリカ人の大部分にとって貧困が見えなくなってしまったからであると述べた。〔中略〕

ハリントンによると、アメリカ人はもはや貧困を自分たちの町や小都市にも存在する「線路の向こう側」にあるような身近な問題としては見ず、通勤電車や高速道路からほんの一瞬見える、自分たちの世界からはかけ離れた大都市のスラム街の問題として見ていると述べた)

　この表現がどうしてできたのか、その由来については諸説あります。そんな中で一番有力なのは、蒸気機関車が出す煤煙に関係するという説です。ご承知の通り、昔の鉄道は蒸気機関車が中心でしたが、蒸気機関車が通るときに出す煤煙が流れていくのは環境の悪い「線路の向こう側」だとして、この表現が生まれたと言われています。
　もっとも、実際には、蒸気機関車が通るときの風向きによっても煤煙が流れていく方向は違ってきますし、また、蒸気機関車が走っていたころは、一般家庭でも燃料として煤煙の出る石炭を使っていたわけですから、この説にはちょっと眉唾くさいところがあります。
　ただ、表現の由来は別にしても、現在でもアメリカにおいては、一本の線路を隔てただけで、その両側の土地の住環境がまったく違っているということはよく見られます。実際、次の用例からも、アメリカでは現在においても、線路によって白人居住地区と黒人居住地区が明確に分かれていることがご理解いただけると思います。

Like many metaphors, "the other side of the tracks" was originally a literal epithet. Blacks were often historically restricted to neighborhoods separated from whites by railroads, turning the tracks into barriers of race and class.

In many cities, these dividing lines persist to this day - a reflection of decades of discriminatory policies and racism, but also of the power of the infrastructure itself to segregate.（*Washington Post*, 2015/7/16）

（多くの比喩表現と同じように、「線路の向こう側」という表現も、もともとは文字通りのことを意味していた。すなわち、歴史的に、黒人はしばしば鉄道によって白人とは切り離された地域に閉じ込められるなど、鉄道の線路は人種や階級に関する鉄の障害になってきたのだ。

実際、多くの都市で、こうした人種や階級を隔てる線が今でも残っているが、それはこれまで何十年にもわたって続けられてきた差別的政策や人種差別の結果を反映しているだけでなく、鉄道線路という物理的なインフラが人種差別を行う点でいかに大きな力を持つかということの反映でもあるのだ）

なお、この "the other side of the tracks" とほぼ同義の表現として、"the wrong side of the tracks" という表現もよく見かけます。こちらには "wrong"（間違った、悪い）という単語が入っていることからも分かりますように、「線路の向こう側」の人々に対する、より強い否定的な視線

が感じられます。

†大学町と大学の対立

　前項では、アメリカの場合、鉄道線路が土地を隔てることによって、その線路の両側にある土地の環境、さらにはその住民の所得水準や社会階層なども大きく違ってくることをご紹介しました。このように、住民の所得水準や社会階層が大きく違ってくれば、必然的に住民同士の間で対立が起こり、お互いに対する悪感情が生じることになります。

　しかし、こうした対立や悪感情は、何も線路を隔てた土地の住民間だけに起こるものではありません。そうした住民同士の対立や悪感情が生じるものとして、アメリカ人が真っ先に思い浮かべることに、大学とその大学がある町の住民との間の伝統的な対立があります。

　こうした大学と大学町との対立関係を、英語では"town and gown"という言葉で表現しています。もちろん、"town"が大学町の住民のことで、"gown"が大学側のことを表しているのですが、"gown"が大学を表しているのは、昔イギリスやアメリカの大学では、教員や学生が"gown"を着る習慣があったからだと言われています（もっとも、今では、"gown"は卒業式など公式行事以外ではあまり着ませんが）。

　それでは、まずこうした"town and gown"が使われている用例をご覧いただくことにしましょう。下記の用例はノースカロライナ州のダーラムという町についての記

第5章　アメリカ歴史文化の常識　179

事です。ここにはバスケットボールやフットボールで有名なデューク大学があるのですが、どうもこの大学は町の住民との関係がよくないようです。

    Almost every college community bears scorch marks from the inevitable friction between town and gown, but Durham has a particularly bad case. In its most recent survey of students from 361 colleges and universities, the Princeton Review ranked Duke fifth worst in the category of strained town-gown relations and sixth in having little interaction between students of different socioeconomic classes and racial groups. (*New York Times*, 2006/3/31)
（ほとんどすべての大学は大学がある町の住民との間で避けがたい摩擦が生じるため、住民から酷評されるのを我慢しなければならない。しかし、そんな中でもダーラムの場合は特に深刻である。全米361大学の学生について調べたプリンストン・レビューの調査によると、デューク大学は町の住民との緊張関係という項目では下から5番目に、そして異なる社会経済階層や人種グループに属する学生間の相互交流という面でも下から6番目にランクされている）

この用例の中に、"inevitable friction between town and gown" と書かれているように、「大学町と大学」(town and gown) の間に「摩擦」(friction) が起こることは「不

可避」(inevitable)であると考えられてきたことが、これからもお分かりいただけると思います。

もっとも、こうした対立が最初に顕在化したのは、オックスフォードやケンブリッジなどイギリスの大学と町の間のことでした。中世以降、オックスフォードやケンブリッジなどでは、些細なことから住民と大学関係者の間で乱闘騒ぎになることがしばしばありました。

実際、ケンブリッジ大学が設立されたきっかけは、オックスフォードの住民たちと大学の教員たちの間で争いが起こり、それに恐れをなした一部の教員がケンブリッジに移り住んだことが、その始まりになっていると言われているほどです。

もちろん、今ではそうした大学町の住民と大学関係者が乱闘騒ぎを起こすようなことはありません。しかし、今でも大学の拡張計画や税金問題などをめぐって町の行政当局と大学との間で紛争が起こることがしばしばあります。

次の用例は、シカゴ郊外のエバンストンという町と、そこにある有名なノースウェスタン大学との関係について書かれた記事です。昔はご多分に漏れず両者の関係は悪く、両者間の「百年戦争」(100-year war)とまで呼ばれていたのですが、大学が町に多額の寄付をしたことによって、今では両者の関係も大きく改善しているようです。

In an attempt to reach a truce in what some in Evanston have called the city's "100-year war" with Northwestern University, Evanston Mayor Elizabeth Tisdahl made a plate of cookies for incoming Northwestern President Morton Schapiro in 2010. They must have been good cookies.

For the second year in a row, Northwestern made a $1 million donation to the city of Evanston's Good Neighbor Fund. So-called "town and gown" relations between Evanston and Northwestern have been strained over the years in part because the university does not pay property taxes, although it receives city services. (*Chicago Tribune*, 2016/10/25)

(ノースウェスタン大学との「百年戦争」に休戦をもたらそうと、2010年にエバンストンのエリザベス・ティスダール市長は、ノースウェスタン大学のモートン・シャピロ次期学長のために一皿のクッキーを作ってプレゼントした。市長が作ったそのクッキーはよほど美味しかったようだ。

というのも、ノースウェスタン大学は2年連続してエバンストン市のグッドネイバー基金に100万ドルの寄付をすることになったからだ。エバンストンとノースウェスタン大学との間のいわゆる「タウン・アンド・ガウン」の関係は長年緊張したものであったが、その理由の一つは、大学が市から様々な公共サービスを受けていたにもかかわらず、固定資産税を支払っていなかったからである）

以上ご紹介した2つの用例からも、"town and gown"

という表現がアメリカでは常識になっていることがお分かりいただけたかと思いますが、ここで留意していただきたいのは、2つの用例のどちらにも、"town and gown"の関係を示すものとして"strained"（緊張した）という形容詞が使われていることです。アメリカでは、まさにこの"strained"という言葉が"town and gown"の関係を象徴しているわけです。

成績を気にしない上流階級の学生

前項で大学のことについて少し触れましたので、ここではアメリカの大学生に関する有名な言葉をご紹介しておきたいと思います。それは「ジェントルマンズ C」（gentleman's C）という言葉です。

最近は日本の大学でもアメリカ式になってきましたが（筆者の大学時代は「優良可」方式でした）、アメリカの大学の成績評価は ABC 評価方式です。つまり、"C"という成績は日本の大学の成績評価でいえば「可」に相当するもので、一応及第ではあるのですが、決して褒められた成績ではありません。

では、そうしたあまり良くない成績である"C"に、なぜ「ジェントルマン」という言葉がくっついているのでしょうか。

これは日本の大学でもよく見られることですが、裕福な家庭出身の学生の中には将来のことをあまり心配する必要がないことや、また親に甘やかされて育ったなどといったことから、学生時代は遊んでばかりで勉強しない

という人がいます。そうすると、当然のことながら、良い成績を取ることはできず、せいぜい取れても及第点どまりといったことになります。

　こうしたことはアメリカでもまったく同じで、特に裕福な家庭の学生の中には、あまり熱心に勉強せず、もっぱら学生友愛会の仲間たちと遊んで時間を費やしているという人が大勢います。

　しかし、そんな不勉強な学生であっても、もし彼らが将来大学に多額の寄付をしてくれそうな裕福な家庭の子供であれば、たとえ試験の成績が悪くても大学側は及第点の"C"を与えることがしばしばありました。もちろんその大きな理由は、大学がそうした学生に悪い成績をつけると裕福なその親たちから恨まれて、大学への寄付が減ることを恐れたためでした。

　そうした"gentleman's C"の学生の典型がジョージ・ブッシュ元大統領（子）であったことが、次の用例からもお分かりいただけると思います。

　　During his four years at Yale in the 1960's, President Bush was a bit of a slouch in the classroom. For instance, Mr. Bush got a 73 in "Introduction to the American Political System" and a 71 in "Introduction to International Relations." In general, his grades were the proverbial "gentleman's C." (*New York Times*, 2003/5/4)

　（ブッシュ大統領は 1960 年代の 4 年間をエール大学の学生として過ごしたが、そのときの彼はあまり

勉強しなかったようだ。実際、彼は「アメリカ政治制度入門」というコースでは73点、「国際関係論入門」というコースでも71点というパッとしない成績だった。全体的に見て、学生時代のブッシュの成績は、かの有名な「ジェントルマンズC」程度のものだったのだ）

　ブッシュ大統領のほかにも、アメリカの上流階級の裕福な家庭出身で大学時代は「ジェントルマンズC」の学生として有名であった人物としては、日米開戦時のアメリカ大統領で今ではアメリカ史上最も偉大な大統領の一人として評価されているフランクリン・ローズベルトがいます。

　特にローズベルトが大学生であったころは、ガツガツ勉強して良い成績を取ろうとするのはジェントルマンとしてあるまじき行為であり、ジェントルマンたる者は及第点ギリギリの"C"を取れば十分であり、それがジェントルマンとしての嗜みだという考えが色濃く残っていました。そうした時代的背景もあり、下記用例の通り、ローズベルトもハーバード時代はあまり勉強しなかったようです。

　　In his intense preoccupation with social and extracurricular recognition, Franklin Delano Roosevelt was an emblematic student of his time. Not only at Harvard, but at Yale and Princeton as well, the academic side of the college experience ranked a distant third behind club life and campus activities. As a consequence, the competition for social position and the leadership of extracurricular activities could be - and often was - ferocious; in scholastic matters, however, the "gentlemen's C" reigned supreme. (Jerome Karabel, *The Chosen*, p. 17)

(大学時代のフランクリン・ローズベルトは社交や課外活動に熱中するなど、当時の典型的な学生だった。ハーバードはもとよりのこと、エールやプリンストンなどでも、当時の学生たちにとっては、学生クラブでの社交や大学の他の課外活動の方がよほど重要で、学業はそれらから遠く離れて3番目に位置づけられるものであった。そうした状況であったため、学生社交クラブや他の課外活動で指導的な地位につこうとする競争はしばしば非常に激しいものとなった。その一方、学業については、「ジェントルマンズC」でよいという雰囲気が君臨することになった)

†結果が出てからの後講釈

さて、次にご紹介したいのは、アメリカ社会の中でも大変重要な役割を果たしているスポーツに関連しているアメリカの常識と、それにまつわる一つの言葉です。

ご承知の通り、アメリカで最も人気があるスポーツといえばフットボールです。アメリカでは、フットボールもプロと大学の両方の試合があり、どちらも大変高い人

気を誇っています。こうしたフットボールの試合はテレビ局にとってもドル箱であり、原則として、土曜の午後は大学の試合、日曜の午後はプロの試合というように両者を明確に分けて、できるだけ多くの視聴者を引きつけようとしています。

アメリカ人の中にはそんなフットボールの熱狂的なファンが多く、試合中はもちろんのこと、試合が終わったあとにも、あのときコーチはこういう作戦で行くべきだったとか、あの場面ではあの選手はこういう動きをすべきだったとか、まるで自分がそのときのコーチや選手であったかのように、色々なことを後講釈したがります。

そうした後講釈は、月曜日に職場に行ってからも続けられ、朝から従業員同士が集まっては週末に行われたフットボールの試合内容についてああでもない、こうでもないと熱く議論することになります。

こうしたことから、物事が終わり結果が出たあとになっても、あのときはこうすべきだった、ああすべきだったなどと批判することを、アメリカ英語では"Monday morning quarterbacking"（月曜日の朝のクォーターバック）と言います。

フットボールをご存知の方はお分かりの通り、フットボールでは「クォーターバック」というのはチームの司令塔の役割を果たす最重要ポジションです。自分がまさにそんな「クォーターバック」になったようなつもりで、色々なことを後講釈する人が多いことからこの表現が生まれました。では、この言葉がうまく使われている

用例をまずご覧いただくことにしましょう。

　　After a scorching election defeat for former Secretary of State Hillary Clinton, and plenty of <u>Monday morning quarterbacking</u>, vice president Joe Biden is coming clean. Biden told the Los Angeles Times last week what he couldn't say while he was campaigning for Hillary. She didn't have a burning ambition to be president and lead the country, and his gut told him it would cost her the election. (*Los Angeles Times*, 2016/12/26)

（元国務長官であったヒラリー・クリントンが大統領選で非常に辛い負けを喫したあと、あのときはこうすればよかったのだといった後講釈が盛んに出てきたが、ジョー・バイデン副大統領も今ようやく自分の正直な思いを告白するようになった。先週、バイデン副大統領は本紙ロサンゼルス・タイムズに対して、大統領選でヒラリーを応援しているときには言えなかったことを語った。バイデン副大統領が言うには、ヒラリーには大統領になってこの国を引っ張っていくのだという燃えるような野心がなく、それが大統領選での敗北を招くことになるのではないかと感じていたという）

どこの国でも後講釈の好きな人が多いものですが、特にアメリカは良い意味でも悪い意味でも言論の国であるだけに、とにかくあとになってから、様々な人が様々な

ことを好き勝手に言い出します。もちろん、結果がよければ後講釈する人もあまり現れないのですが、結果が悪い場合には、それこそこれでもかというぐらいに、あとから様々なことを言われます。

そうしたケースとして一番多いのは、何と言ってもスポーツ・チームの監督やコーチになってよい結果が出ないときです。下記の用例はまさにそんな事例で、ハワイ大学のフットボール・コーチが結果が出ないために解任されたときの記事です。

<u>Monday morning quarterbacking</u> is easy - to pick apart Chow's tenure and analyze what went wrong. But what's more important now is to find a leader who will turn the program around so that fans will once again begin to fill Aloha Stadium.（*Honolulu Star-Advertiser*, 2015/11/3）
（チョウ氏のヘッドコーチ時代を精査し何が悪かったのかということを分析するなど、あとになってから彼のことをあれこれ批判するのは簡単なことだ。しかし、今重要なことは、チームを建て直し、再びアロハ・スタジアムをファンで満員にできるような指導者を見つけ出すことなのだ）

† 西洋故事の常識

次に取り上げるのは、アメリカ人なら誰でも知っている有名句についての常識です。こうした有名句は非常に多く、どれを取り上げたらいいか迷うぐらいですが、こ

こでは西洋史の故事、アメリカの歴史文書、テレビコマーシャルに基づいた有名句をご紹介させていただきたいと思います。

まずは、西洋史の故事に基づいた有名句です。アメリカは独自の歴史を持った国ではありますが、イギリスからの移民が創設した国であること、さらにはその後ヨーロッパ各国からの移民が中心となってできた国である、などといった歴史的経緯から、その文化は西洋文化が基本になっています。

そのため、アメリカ人の多くにとっては、やはりヨーロッパとの心理的距離が近く、西洋の歴史や故事についてもかなりよく知っています。そうした西洋の故事として特に有名なものの一つに、暴君として知られるローマ時代の皇帝ネロが、ローマが火事で燃えているときに、宮殿の中でバイオリン（fiddle）を弾いていたという故事があります。英語では、このことは "Fiddling while Rome burns" という有名句として知られています。

もっとも、これが真実であったかどうかについては諸説あります。しかし、これが歴史的真実であったかどうかはともかくとして、この故事はアメリカ人の間で広く知られており、『ニューヨーク・タイムズ』や『ワシントン・ポスト』のような主要紙でも頻繁に使われています。

以下に挙げるのは『ワシントン・ポスト』の記事（2017年7月28日）ですが、"Fiddling while Rome burns" という故事が下敷きとなって言い換えられたものである

ことがご理解いただけると思います。

　　<u>While health-care reform fizzled, Trump burned.</u> First over his "weak" and "beleaguered" attorney general, then over the hapless, doomed-from-the start Priebus. Will the president's new choice for chief of staff, Homeland Security Secretary, John Kelly, fare much better? Don't count on it.
　（医療保険改革が失敗に終わり、トランプは火傷を負うことになった。すなわち、まずは「弱く」て「窮地に立たされた」司法長官の問題で、そしてその次には最初からうまく行かないことが分かっていた不運なプリーバス首席補佐官の問題で、トランプは火傷したのである。トランプは新首席補佐官として国家安全保障省のジョン・ケリー長官を選んだが、果たしてうまく行くのだろうか。それについてもあまり期待しないほうがいいだろう）

　この記事では"While health-care reform fizzled, Trump burned"という形で、もとの"Fiddling while Rome burns"とは違った形で出てきますが、これがこの故事を下敷きにしていることはお分かりいただけるかと思います。
　いずれにせよ、今やアメリカ人の常識になっているこうした西洋の故事についても知っておかないと、記者がそうした故事を念頭に置いて書いていることが理解できず、真の面白みが分からずじまいの浅い読み方しかできなくなってしまいます。

第5章　アメリカ歴史文化の常識　191

† 歴史文書の常識

次は、アメリカの歴史文書の中にある有名な言葉に関する常識についてご紹介したいと思います。具体的には、その歴史文書とはアメリカの独立宣言（Declaration of Independence）のことです。

アメリカの独立宣言はイギリスからの独立を目指して書かれたもので、当時の 13 州の代表が集まった大陸会議で 1776 年 7 月 4 日に採択されました。アメリカ人にとってこの独立宣言は最も神聖な歴史文書であり、中学や高校でもしっかりと学習します。

そんな独立宣言には多くの有名な言葉が書かれていますが、そんな中でも特に有名なものの一つが下記の文章です。

<u>We hold these truths to be self-evident</u>, that all men created equal, that they are endowed by their Creator with certain unalienable Rights, that among these are Life, Liberty and the pursuit of Happiness.

（われわれは、以下の事実を自明のことと信じる。すなわち、すべての人間は生まれながらにして平等であり、創造主によって、生命、自由および幸福の追求を含む不可侵の権利を有することを）

こうした有名な歴史文書を下敷きにしているのが、以下の『ワシントン・ポスト』の記事（2017 年 6 月 13 日）

です。

> In America, we hold these truths to be self-evident: Pizza, burgers, French fries, hot dogs and fast-food fried chicken are meant to be eaten with our hands (a.k.a. "God's Utensils")
>
> (アメリカでは、次のことを自明のことと信じている。すなわち、ピザ、ハンバーガー、フレンチフライ、ホットドッグ、フライ・チキンは手〔別名「神の道具」〕で食べるものであるということを)

これは少しおどけたタッチの記事ですが、こうした記事にも独立宣言の有名な言葉が使われていることに留意していただきたいと思います。

もっとも、この記事の文章自体は難しいものではありませんので、こうした独立宣言に関する予備知識がなくても十分に理解することができると思います。しかし、上記のような独立宣言に関する予備知識があれば、ここに独立宣言の有名な言葉が使われていることが分かり、この記事の記者が意図した「遊び心」をより深く理解することができるようになります。

こうしたアメリカの歴史文書の文言として、独立宣言のほかに時事英語でよく使われるものがもう一つあります。それはアメリカ憲法の前文 (Preamble to the United States Constitution) です。この憲法前文に書かれているのは憲法の目的と指導理念ですが、そこには次のような非

常に有名な言葉が書かれています。

> We, the People of the United States, in Order to form a more perfect union, establish Justice, insure domestic Tranquility, provide for common defense, promote the general Welfare, and secure the Blessings of Liberty to ourselves and our Posterity, do ordain and establish this Constitution for the United States of America.
> （われわれ合衆国の国民は、より完全な連邦を形成し、正義を樹立し、国内の平穏を保障し、共同の防衛に備え、一般の福祉を増進し、われらとわれらの子孫のために自由の恩恵を確保する目的をもって、ここにアメリカ合衆国のためにこの憲法を制定し、確定する）

この文章の中で特に有名なのが下線を引いた"We, the People"と"a more perfect union"という2つの言葉です。"We, the People"というのは、まさしく「われわれ国民は」という意味で、国民こそがアメリカ民主主義の大本であることを強調するときなどによく使われます。また、"a more perfect union"という言葉は、アメリカには様々な問題があり、決して「完全な連邦」（perfect union）とはいえないが、憲法前文にも書かれているように、少しでもそうした「完全な連邦」に近づくべく絶えず努力すべきだという主張をするときなどに使われます。

下記にご紹介する『ニューヨーク・タイムズ』の記事

は、まさにそのような文脈で、この2つの言葉が効果的に使われています。

> "What makes us Americans is that we signed up to have a relationship with ideals that are greater than us and with truths that we agreed were so self-evident they would be the foundation of our shared journey toward <u>a more perfect union</u> - and of respectful disagreement along the way. We also agreed that the source of legitimate authority to govern would come from '<u>We the people</u>'." (*New York Times*, 2017/6/21)
> （われわれをアメリカ人として結びつけている最も大切なことは、われわれが自分たちの存在よりも偉大である理想を大切にしていくことに合意したことであり、また、より完全な連邦に向けてともに進んでいく旅の基礎になる――そして、その過程では意見の違いがあってもお互いに敬意を払う基礎になる――真実も大切に守っていくことに合意したことである。さらに、われわれは国家統治を行うための正当な権力が、「われわれ国民」に由来するものであることにも合意したのだ）

† テレビコマーシャルの常識

次にご紹介したいのは、アメリカのテレビコマーシャルに出てきたある有名な言葉です。これは EF Hutton という証券会社のテレビコマーシャルで、今から約40年

前の1970年代後半によく流されていました。そして、このコマーシャルの最後で、"When EF Hutton talks, people listen" という言葉が印象的に語られるというものでした。実際、私自身そのころアメリカの大学に留学していたこともあり、テレビのコマーシャルでこの言葉が流れていたのを今でもよく覚えています。

EF Hutton については、その後他の金融機関に買収されたため今は存在していませんが、このコマーシャルのおかげで会社がなくなってしまった今でも、この言葉だけは非常によく知られています（なお、このコマーシャルについては、ユーチューブで見ることができますので、是非一度ご覧下さい）。

下記の用例は、トランプ大統領の娘であるイバンカに関する『ニューヨーク・タイムズ』の記事ですが、下線を引いた冒頭の引用文にこの有名句を下敷きにした文章が書かれています。

もしこのコマーシャルのことを知らなければ、この下線を引いた文章を見ても普通の文章のようにしか感じないかもしれません。しかし、そのことを知っていれば、一見何の変哲もないこの文章に、記者の教養とセンスのよさを感じることができるのではないでしょうか。

<u>When Ms. Trump does intervene, her father listens</u> - although he does not always take her advice. One person close to the family described her influence as a delayed-action fuse: At times the president will mention a point Ms.

Trump made, uncredited, days later.(*New York Times*, 2017/4/15)

（トランプ大統領の娘であるイバンカが意見を言うときには、大統領はそれを熱心に聞く —— もっともいつも彼女のアドバイスを受け入れるわけではないが。トランプ家と親しいある人物は、そうしたイバンカの大統領に対する影響力は遅れて作動するヒューズのようなものだと語った。というのも、ときどき大統領はイバンカが進言したことを、あとになってイバンカの名前を出さずに持ち出すことがあるからだ）

この有名なコマーシャルについては、多少バリエーションを変えて、様々な記事の中で使われますが、文章ではなく、見出しとして使われることもしばしばあります。具体的には、"When radio reporter April Ryan tangles with the White House, people listen" という『ワシントン・ポスト』（2017年4月4日）の記事の見出しなどは、この有名コマーシャルが下敷きになっている代表的な例だと言えるでしょう。

†聖書の常識

さて次は、時事英語でよく見られる聖書の有名句について取り上げてみたいと思います。まずご紹介したいのは、"fire and fury" という言葉です。これについては、2017年の夏に北朝鮮がミサイル発射を連発するなど激

しい挑発行為を繰り返していたことに対して、トランプ大統領が、これ以上北朝鮮が挑発行為を続ければ北朝鮮を"fire and fury"（火と炎）で攻撃すると発言したことで一躍有名になりました。

下記の『ワシントン・ポスト』（2017年8月9日）の記事は、まさにそのときのトランプ大統領の発言について伝えたものです。

> Trump used extraordinarily chilling language for a U.S. president on Tuesday afternoon when he warned that North Korea's nuclear promotions would be "met with fire and fury and frankly power, the likes of which this world has never seen before."
>
> （トランプ大統領は火曜日の午後、北朝鮮がこのまま核開発を続けていけば、かつて世界が経験したことのないような「火と炎」で攻撃を受けることになるだろうと、アメリカ大統領としては極めて恐ろしい言葉を使って北朝鮮に対して警告を発した）

この言葉も一見普通の言葉のように見えるかもしれませんが、実は、これは聖書のイザヤ書66章15節にある次のような言葉に由来するものなのです。

> For behold, the LORD will come with fire, and with his chariots like a whirlwind, to render his anger with fury, and his rebuke with flames of fire.

（見よ、主は火の中にあらわれて来たれる。その車はつむじ風のようだ。激しい怒りをもって憤りをもたらし、火の炎をもって責められる）

　トランプ大統領が聖書に由来する言葉を使うというのは何か不思議な感じがします。しかし、逆に言えば、トランプ大統領のような人でもよく知っている言葉であることが、これからも分かります。

　たしかに、神が「火と炎」で悪者を攻撃するのだというイメージを与えた点では、この表現は非常に映像的で効果があったかもしれません。

　なお、この "fire and fury" という言葉に関しては、2018年1月にマイケル・ウォルフというジャーナリストがトランプ政権の内幕を描いた暴露本を出版しベストセラーになりましたが、その書名として使われたのが、まさにこの言葉でした。

　さて、聖書に関するもので時事英語にもよく出てくる言葉を、ここでもう一つご紹介しておきたいと思います。それは、"Four Horsemen of the Apocalypse" という言葉です。

　これは聖書のヨハネ黙示録に出てくる「四騎士」のことです。これらの「四騎士」は人間に破滅をもたらす疫病、戦争、飢饉、死を象徴するとされており、彼らには地上の4分の1を支配する権力と、地上の人間を殺す権力が与えられているとされています。

While their research detailed plenty of positive indicators, one of their most striking findings was what they termed the "Four Horsemen of the Apocalypse" - communication styles that can predict the end of a connection. These four - criticism, defensiveness, stonewalling and contempt - spell death when it comes to interpersonal relationships. Unfortunately, today's United States has all four in spades. (*Washington Post*, 2017/7/4)

（彼らの調査は多くの前向きな指標についても詳述しているが、彼らの調査の最も特筆すべき発見の一つは、彼らが「黙示録の四騎士」と名付けた人間関係を終わらせてしまう指標となるコミュニケーション・スタイルであった。具体的には、批判、防御、非協力、蔑視の４つであるが、彼らによるとこれら４つのことが対人関係を終わらせることになるという。残念なことに、現在のアメリカにはこれら４つともがあり過ぎている）

　言うまでもなく、ここで批判、防御、非協力、蔑視という４つのことが「黙示録の四騎士」にたとえられているのは、聖書に書かれている「黙示録の四騎士」が人間に破滅をもたらすのと同様に、これら４つのことが対人関係の破滅をもたらすからです。

　「黙示録の四騎士」に関するもう一つの用例をお見せしましょう。これは、コンドリーザ・ライス元国務長官が新著を出したことに関する記事で、著書の中でトラン

プ政権の外交政策を批判するのに、この「黙示録の四騎士」という言葉を使っているのです。

> Among Tillerson's influential backers is former secretary of state Condoleezza Rice, who endorsed the onetime ExxonMobil chief executive for his new gig. So it is a deliciously awkward bit of timing that just days after Tillerson's speech, Rice has released a 500-page book implicitly repudiating the Trump administration's "America first" worldview, and warning against the pernicious effects of populism, nativism, protectionism and isolationism, dubbing them "the Four Horsemen of the Apocalypse." (*Washington Post*, 2017/5/11)
>
> （ティラーソン国務長官を支持した有力者の一人が元国務長官のコンドリーザ・ライスであり、彼女はエクソンモービルの最高経営責任者を務めたティラーソンが国務長官になることに賛成したのであった。というわけで、ティラーソンが〔トランプ外交を擁護する〕演説を行った数日後のタイミングで500ページにもなる新著を出し、トランプ政権の「アメリカ・ファースト」的世界観を批判し、彼女が「黙示録の四騎士」と呼ぶポピュリズム、移民排斥主義、保護主義、孤立主義がもたらす有害な影響について警告したのは、何とも間が悪かった）

ライスがトランプ政権下で見られるポピュリズム、移

民排斥主義、保護主義、孤立主義の４つを、なぜ「黙示録の四騎士」と呼んでいるかと言いますと、それは聖書に出てくる「黙示録の四騎士」が人間世界に破滅をもたらすのと同じように、これら４つのことがアメリカに破滅をもたらしかねない有害なものであると見ているからです。

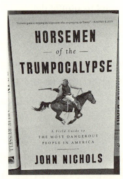

「黙示録の四騎士」が想起される題名の本

　このように、時事英語や本などアメリカ人の書くものには、聖書に関する彼らの常識となっていることが数多く出てきますので、こうした聖書に関する知識についてもある程度身につけていないと、英文を真に理解できないことになります。

†シェークスピアの常識

　さて、本書でご紹介する項目も、いよいよこれで最後になりました。本書の最後に取り上げたいのは、文学に

関するアメリカ人の常識です。

　そうした文学、特に英文学における有名作家としてまず名前が挙げられるのは、何と言ってもシェークスピアです。シェークスピアはイギリスの作家ですが、イギリスのみならずアメリカを含めた英語圏全体の「国民作家」的な存在になっており、アメリカ人にとってもシェークスピアの作品に出てくる多くの言葉が国民的常識になっています。

　そうしたシェークスピアの珠玉の言葉は数え切れないほどありますが、そんな中でも特に有名で、時事英語にも頻繁に使われているものを2つご紹介しておきましょう。最初にご紹介したいのは、"Something is rotten in the state of Denmark"という言葉です。

　これは、シェークスピアの代表作の一つである「ハムレット」の第1幕に出てくる有名な言葉で、先王の亡霊を見たマーセラスが不吉な予感を感じて言う言葉です。下記の用例などは、まさにこの有名な言葉を下敷きにしています。

　　This is an interesting moment in relations between the United States and Israel. Call it a poisonous lull. The vitriol around the Iran nuclear deal has subsided. But <u>something is rotten</u> in the special bond.（*New York Times*, 2016/1/28）
　　（現在はアメリカとイスラエルとの関係で興味深いときである。現在の両国関係は「毒を含んだ小康状態」と呼べるだろう。というのも、イランとの核

合意に関する〔アメリカとイスラエルの間における〕辛辣な言葉の応酬は一応静まったが、両国間に伝統的に存在した特別な絆は何かおかしくなっているからだ)

この"Something is rotten"という言葉は時事英語では非常によく使われていますが、これ自体は単純なやさしい英語ですので、そのまま読み過ごしている方が多いかもしれません。しかし、これがもともとはシェークスピアの作品中の言葉であることを知っていれば、英文の読みもぐっと深くなります。

シェークスピアに関してもう一つ有名な言葉をご紹介しておきましょう。それは、"There's a method in his madness"(彼の狂気には筋が通っているところがある)という言葉です。

これも前記と同じく「ハムレット」の中に登場する言葉で、ハムレットの言葉を聞いたポローニアスの独白なのですが、実際の「ハムレット」では"Though this be madness, yet there is method in't"と書かれています。しかしながら、前記の通り、一般には"There's a method in his madness"という言葉で知られています。

次に掲げるのは、トランプが大統領に当選して1か月ほどしてから出た新聞記事ですが、彼の言動についてこの言葉が大変効果的に使われています。

Some suggest that there is a method to Trump's madness, that he is trying to make would-be adversaries think he is irrational and capricious, thereby making foes and rivals wary of pushing him too far. (*Washington Post*, 2016/12/6)

（トランプの狂気には筋が通っていると言う人もいる。すなわち、トランプは非合理的で気まぐれであると敵に思わせるようにして、それによって敵やライバルたちに、トランプをあまり追い詰めないようにしたほうがいいと思わせるようにしているというのである）

　実際、トランプ大統領の言動については、それが彼の合理的判断から出たものなのか、それとも単に彼が狂っているだけなのか、分かりにくいところがあります。そうしたこともあり、アメリカのメディアはトランプ大統領の言動について取り上げるとき、この "There's a method in his madness" という言葉をさかんに使っています。

　たしかに、これまでのトランプ大統領の言動を見ていると、この言葉が真っ先に浮かんでくるのも頷ける話です。下記は "There's a method in his madness" という言葉そのままではありませんが、これを下敷きにしたものであることは明白です。

After a four-day fusillade of apocalyptic threats against North Korea, President Trump left many in Washington and capitals throughout the Pacific wondering whether it was more method or madness. Among those wondering were members of Mr. Trump's own administration.（*New York Times*, 2017/8/12）

　（トランプ大統領は４日間にわたって北朝鮮に対して黙示録的な脅かしをしたが、トランプ大統領のそうした言動は合理的で筋の通ったものなのか、それとも狂気のなせる業なのかということについて、ワシントンと太平洋諸国の首都にいる多くの人々を戸惑わせることになった。また、トランプ政権の人間の中にもそうした戸惑いを抱いた人間がいたのである）

　ニクソン大統領も外交政策としてこうした正気なのか狂気なのか分からないやり方を採用したことがあり、それをニクソン大統領は「狂人理論」（Mad man theory）と呼びました。

　しかし、ニクソン大統領の場合は、合理的な判断に基づいた上で「狂人理論」を外交政策として利用したことが周囲の人間にも明らかでした。ところが、困ったことに、トランプ大統領の場合は、それほど明確ではありません。アメリカのメディアは、いつになったらトランプ大統領に関してこの言葉を使わなくなるのでしょうか。それが気がかりです。

ちくま新書
1344

ビジネスマンの英語勉強法(えいごべんきょうほう)

2018年7月10日 第1刷発行

著者
三輪裕範
(みわ・やすのり)

発行者
山野浩一

発行所
株式会社 筑摩書房
東京都台東区蔵前 2-5-3 郵便番号 111-8755
振替 00160-8-4123

装幀者
間村俊一

印刷・製本
株式会社 精興社

本書をコピー、スキャニング等の方法により無許諾で複製することは、法令に規定された場合を除いて禁止されています。請負業者等の第三者によるデジタル化は一切認められていませんので、ご注意ください。
乱丁・落丁本の場合は、下記宛にご送付ください。
送料小社負担でお取り替えいたします。
ご注文・お問い合わせも下記へお願いいたします。
〒331-8507 さいたま市北区櫛引町 2-604
筑摩書房サービスセンター 電話 048-651-0053
© MIWA Yasunori 2018 Printed in Japan
ISBN 978-4-480-07157-6 C0282

ちくま新書

1084 50歳からの知的生活術
三輪裕範

人生80年時代、50歳からも先は長い。定年後の人生を充実させるために重要なのが「知的生活」である。本書は、知的生活に役立つ、一生ものの勉強法を伝授する。

1211 ヒラリーの野望 ——その半生から政策まで
三輪裕範

嫌われ、夢破れても前へ進む！ ヒラリー・クリントンの生涯における数々の栄光と挫折、思想、人柄、そして夢を、ワシントン在住の著者が克明に描き出す。

1200 「超」入門！論理トレーニング
横山雅彦

「伝えたいことを相手にうまく伝えられない」のはなぜか？ 日本語をロジカルに運用し、論理思考をコミュニケーションとして使いこなすためのコツを伝授！

1230 日本人の9割が間違える英語表現100
キャサリン・A・クラフト　里中哲彦編訳

教科書に載っていても実は通じない表現や和製英語など、日本人の英語は勘違いばかり！ 長年日本人の英語に接してきた著者が、その正しい言い方を教えます。

1313 日本人の9割が知らない英語の常識181
キャサリン・A・クラフト　里中哲彦編訳

日本語を直訳して変な表現をしていたり、あまり使われない単語を多用していたり、日本人の英語はまだまだ勘違いばかり。10万部超ベストセラー待望の続編！

1248 めざせ達人！英語道場 ——教養ある言葉を身につける
斎藤兆史

読解、リスニング、会話、作文……英語学習の本質をコンパクトに解説し、「英語の教養」を理解し、発信できるレベルを目指す。コツを習得し、めざせ英語の達人！

1298 英語教育の危機
鳥飼玖美子

大学入試、小学校英語、グローバル人材育成戦略……2020年施行の新学習指導要領をはじめ、日本の英語教育は深刻な危機にある。第一人者による渾身の一冊！